AF503806

EXPOSÉ DES FAITS

DANS LA CAUSE

DU C^{TE}. DE PFAFFENHOFFEN

CONTRE

SA MAJESTÉ LE ROI CHARLES X,

COMTE DE PONTHIEU.

A mes Contemporains,

ET

ET A LA POSTÉRITÉ,

Devant qui je me dois de me justifier des poursuites que mon Royal Débiteur lui-même me réduit à la nécessité d'exercer contre Sa Majesté.

PARIS.

IMPRIMERIE DE PIHAN DELAFOREST,
RUE DES BONS-ENFANS, N°. 34.

M. DCCC. XXXII.

LE C^{TE}. DE PFAFFENHOFFEN

CRÉANCIER

DE S. M. LE ROI CHARLES X.

—————— ◦ ——————

Né en France, vers le milieu du siècle dernier ; mais Allemand, fils d'un père allemand, rentré sur le sol paternel, devenu membre d'un de ses Grands Chapitres, j'ai été depuis *postulé* à l'une de ses principautés électives. Lorsque la révolution, avant d'envahir l'Europe, versa sur la France tant de calamités, je n'ai pas seulement gémi sur elles, j'ai été avec empressement au-devant de toutes les infortunes. J'ai accueilli, recueilli par centaines ceux des Français qui, poursuivis par la terreur, ont cherché chez l'étranger un abri contre la hache révolutionnaire, et ont trouvé le vivre et le couvert dans mes maisons de ville et de campagne. Je me suis enfin consacré à la cause royale de France et à la personne de ses Princes ; je m'y suis dévoué tout entier.

Puissé-je dans cet humble et rapide exposé, où mon seul but est de me justifier des poursuites judiciaires que je suis réduit à employer contre mon royal Débiteur, puissé-je parvenir à faire taire mes trop justes douleurs, pour ne laisser parler que les faits, sans m'écarter des égards respectueux que je veux conserver pour le Prince infortuné qui m'oblige à le poursuivre. Hélas ! pourquoi faut-il qu'après un dévoûment de plus de quarante ans, et après des services *toujours gratuits*, aussi utiles que signalés, parmi lesquels il en est un que l'ingratitude la plus monstrueuse ne pourrait pas même oublier, et duquel Louis XVIII m'a donné d'honorables marques de ses souvenirs ? Pourquoi faut-il que, malgré les pertes que la révolution m'a fait éprouver, riche encore de plus de soixante mille francs de rentes, à l'époque de la restauration, une dette des Princes Louis-Stanislas-Xavier et Charles-Philippe de France, devenus Rois sous les titres de Louis XVIII et Charles X, soit venue m'atteindre, après leur restauration, sur mes propriétés patrimoniales, au milieu de l'Autriche ; et qu'après m'avoir laissé exproprier de mes biens, et réduit au point de n'avoir bientôt plus d'asile où mettre à couvert ma tête octogénaire, je sois condamné à réclamer de la justice des Tribunaux de la France et de l'Écosse, son paiement et l'exécution des engagemens que Louis XVIII avait pris pour me la payer ? Ces engagemens, remplis pendant la vie de ce Monarque, devaient être continués après sa mort : mais ils ont cessé de l'être sous le règne de Charles X, co-débiteur solidaire, qui ne m'a rien fait payer, malgré mes besoins, mes instances, le respect dû aux dispositions du Roi son Frère, et les promesses que Lui-même m'avait faites de sa bouche, le 29 décembre 1824 !...... et qu'on lui fait si scandaleusement démentir aujourd'hui !!! — O Monarque infortuné ! ô le plus infortuné des Monarques ! Dépouillé de la Majesté du trône, veut-on donc le dépouiller encore de la Majesté du malheur ! veut-on le priver du repos de la conscience, lui enlever ce qui a consolé Saint Louis, Jean-le-Bon et François Premier dans leurs revers !

Je n'entrerai point ici dans l'énumération des services que je me suis trouvé heureux de rendre dans leur émigration aux Princes Français et à ceux de leurs compatriotes qui se sont réunis sous leurs bannières. Mon Royal Débiteur, qui, le 29 décembre 1824, « m'a assuré que Sa Ma-
» jesté serait fort aise de me donner des témoi-
» gnages de ses souvenirs de tout ce que j'avais
» fait pour Elle, » n'aura pas oublié que, quand l'Europe, dans la stupeur de la fin déplorable de Louis XVI, hésitait à reconnaître la régence de *Monsieur,* ce fut par mon conseil que le Pape

Pie VI fut invité, et sur mes instances que ce Pontife Auguste se résolut à prendre l'initiative de cette reconnaissance, qui fut imitée par les autres Puissances : Elle n'aura surtout pas oublié que, quand sa propre Personne et les émigrés se trouvaient exposés en Angleterre à toutes les rigueurs des lois pour leurs dettes contractées sur le continent, ce fut à mes sollicitations auprès des chefs du Gouvernement Britannique de qui j'avais obtenu l'estime et la considération, que Son Altesse Royale et les Français ont dû l'acte du Parlement qui les a mis à l'abri de toutes poursuites pour dettes contractées hors du sol Britannique. Laissant donc à part tout ce que j'ai pu faire pour la cause royale, je me bornerai à exposer, avec autant de retenue et de circonspection qu'il me sera possible, la circonstance aussi grave que délicate qui m'a rendu créancier de LL. AA. RR de la dette que je réclame. — Non, comme le disent les conclusions de mon Royal Débiteur, dans son appel devant la Cour Royale :

« Par aucune somme, aucun prêt, aucune
» avance, promesse ni obligation des Princes
» envers moi ; »

Mais, ainsi que Louis XVIII l'a reconnu en termes exprès, dans les trois Ordonnances des paiemens qu'il m'a fait faire :

« Par une obligation que j'ai contractée moi-
» même et en mon nom pour le service des
» Princes, en 1792. »

Par cette obligation, je me suis rendu leur
caution-solidaire, non pas tant en vertu du mandat spécial qu'ils m'avaient conféré, qu'en vertu
du *quasi-contrat* le plus urgent et le plus impérieux; où j'ai agi *dans leur intérêt*, pour sauver
leur honneur gravement compromis, et comme
« *negotiorum gestor*, » selon les dispositions du
Code civil français.

Déjà en 1791, j'avais établi, *à mes frais*,
sur la frontière entremêlée du Pays de Liége et
de la France, des guides, qui, placés par éche-
lons, recueillaient les Émigrans, se les transmet-
taient de l'un à l'autre, et les préservaient des dangers qu'ils couraient à s'échapper de la France,
à travers les routes inconnues d'un Pays entre-
coupé ; et par cette mesure j'ai eu le bonheur de
sauver une foule de Français, qui autrement
auraient pu difficilement éviter les embûches qui
leur étaient dressées dans ces chemins tortueux,
et se soustraire aux peines révolutionnaires prononcées contre les Émigrans.

Mon zèle était connu : chacun s'adressait à
moi; et quand, en 1792, les Princes virent
l'impuissance de leurs efforts pour procurer,
dans la Belgique, des quartiers aux Français

qu'ils cherchaient à réunir sous leurs drapeaux , et qui , forcés d'en partir , se trouvaient sans asile , — c'est à moi que LL. AA. RR. daignèrent avoir recours , pour leur procurer des établissemens dans le Pays de Liége , où mon rang , mon caractère et l'amitié du Prince me donnaient quelque crédit. Elles m'adressèrent à ce sujet un mandat général de la teneur suivante :

« Leurs Altesses Royales *Monsieur* et Monseigneur
» Comte d'Artois, Frère du Roi de France, con-
» naissant les dispositions amicales de Monsieur le
» Prince Évêque de Liége, Notre Cousin, et es-
» pérant de ses favorables intentions pour la cause
» du Roi, Notre Frère, et les Gentilshommes
» Français Émigrés qui étaient dans les Pays-Bas ,
» et que les circonstances ont obligés d'en partir :
» En conséquence, LL. AA. RR. *Monsieur* et
» Monseigneur Comte d'Artois, autorisent, par
» les présentes, Monsieur le Comte de Pfaff de
» Pfaffenhoffen, Chanoine Tréfoncier de Liége,
» d'employer ses soins auprès de Monsieur le Prince
» Évêque de Liége, Notre Cousin, pour obtenir
» des quartiers, dans les terres de sa domination,
» pour les Gentilshommes Français Émigrés.

» A Coblentz , le 20 avril 1792.

» Louis-Stanislas-Xavier,

» Charles Philippe. »

Je n'ai pas manqué à cet honorable appel. Mon zèle pour la cause royale s'est accru en raison de l'importance de la mission que j'avais à remplir et des obstacles devant lesquels les Princes avaient échoué, et que j'avais à surmonter. Seul, ayant à lutter contre la politique des Puissances environnantes, mais aidé de la bienveillance du Prince, mon Chef et mon Ami, j'ai procuré à l'Émigration des établissemens où Elle s'est formée en Compagnies, sous la dénomination d'Armée de Bourbon.

On m'a objecté que le mandat des Princes ne m'autorisait pas à m'obliger pour eux ni à faire d'avances pécuniaires à leur armée. Mais, outre qu'il n'est ici question d'aucune avance, de nombreuses avances ont cependant été faites de ma part, tant à des individus qu'à des Compagnies et au Prince lui-même, Chef de l'Armée, qui m'en a fait quelquefois la demande expresse, et sans doute il y était autorisé. Je n'en citerai qu'une seule circonstance qui me tombe sous la main.

Le 1er. septembre 1792, le Prince m'écrivit :

« La Compagnie de Normandie, à cheval, se
» trouve, surtout dans ce moment-ci, dans une po i-
» tion très embarrassante. MM. d'Éciameville et
» le Doulcet m'en ont fait part : un emprunt de
» 15,000 livres pourrait les en tirer, à ce qu'ils

» m'ont assuré; et *votre caution* suffirait pour le-
» ver toutes les difficultés. Je n'en dirai pas davan-
» tage, Monsieur, parce que je sais que c'est un
» moyen de vous plaire que de vous présenter une
» occasion de faire quelque chose d'utile et d'agréa-
» ble à la Noblesse Française , etc.

» L.-H.-J. de Bourbon. »

Je ne me suis refusé à aucune avance que mes moyens m'ont permis de faire ; je n'ai pas épargné davantage mon crédit et mon influence sur les divers fournisseurs. Rien ne m'a été remboursé, et je n'en réclame rien.

Mais pendant la marche de l'Armée de Bourbon, pour se réunir à celle des Princes, sous Thionville, un événement fâcheux (sur lequel je me suis fait un devoir de garder la plus respectueuse discrétion, de laquelle Louis XVIII a daigné me savoir gré, dans des termes que je rapporterai plus bas, et qui exciteront à jamais ma reconnaissance,) a mis une partie notable du matériel de l'armée de Bourbon, l'honneur personnel, et jusqu'à la probité des Princes, mes commettans, dans le plus grand danger.

On m'a encore objecté que leur mandat ne m'autorisait pas à les en garantir ! Est-il donc besoin de l'autorisation de celui de qui la maison brûle, avant d'en éteindre le feu ? de celui qui se noie, avant de lui tendre une main secourable? de celui dont une hache va fendre la tête, avant d'en détourner le coup?

Par lettre du 16 septembre 1792, M. le Duc de Bourbon m'avait écrit :

« ..... J'ai appris avec peine l'histoire de ces
» faux assignats; *c'est encore un tour de nos amis*
» *les patriotes :* mais, quoi qu'il en soit, cela tom-
» bera toujours sur le corps des pauvres Émi-
» grés. Ce sont toujours eux qui sont les auteurs
» de tout ce qui arrive de mal dans le monde. Je
» vous avoue, entre nous soit dit, que je vois
» du louche dans cette affaire, de la part des ban-
» quiers. Cette espèce de gens ordinairement prend
» assez garde à ses affaires, pour ne pas prendre
» des assignats sans les bien examiner avant, et sans
» prendre toutes les précautions nécessaires; et
» puis, de dire que tous ces assignats sont faux,
» a l'air d'une affaire arrangée et concertée : *car,*
» *à moins d'avoir une manufacture d'assignats*, il
» me paraît bien difficile qu'il ne s'en trouve pas
» de bons et de mauvais dans une aussi forte
» somme. Au reste, je crois qu'il faut laisser tom-
» ber cela; avoir l'air de les croire de fort honnêtes
» gens; *gagner du temps jusqu'à ce qu'on soit en*
» *France ;* et alors tâcher de vérifier si leurs plain-
» tes sont fondées : mais je suis persuadé que l'on
» découvrira un dessous de cartes à cela. Il me pa-
» raît inutile, pour le moment, de rien faire mettre
» dans les gazettes sur cet article, etc., etc.

» L.-H.-J. DE BOURBON. »

Mais, à l'arrivée de cette lettre, il était impossible *de gagner du temps ;* le temps avait pris l'avance. Un grand scandale allait s'ouvrir, était ouvert ! Un convoi des bagages, qui avait pris une route séparée de celle de l'armée, était arrêté par autorité de justice. Une plainte était portée, *en fabrication et en émission de faux assignats.* Déjà quelques émeutes avaient eu lieu de la part des fournisseurs payés en fausse monnaie. Mon mandat général n'eût peut-être pas suffi pour un cas ordinaire ; mais, du moins, m'autorisait-il, dans un danger aussi pressant, à assumer celui de « *negotiorum gestor,* » en conséquence de l'article 1372 et autres du Code civil : et en vertu d'un *quasi-contrat,* le plus urgent, le plus impérieux qui fût jamais, je me suis hâté d'étouffer la plainte, le scandale et l'émeute, en me rendant caution solidaire de mes Augustes Commettans, par l'Obligation suivante :

> « Je soussigné, tant en ma qualité de chargé de
> » l'autorisation et des pouvoirs de LL. AA. RR.
> » *Monsieur* et Monseigneur Comte d'Artois, dans
> » le Pays de Liége, pour tout ce qui concerne l'éta-
> » blissement des Compagnies d'Émigrés composant
> » aujourd'hui l'Armée de S. A. S. Monseigneur
> » Duc de Bourbon, qu'en mon propre et privé
> » nom, et me rendant, moi et mes biens présens et
> » à venir, personnellement et réellement responsable
> » pour Leursdites Altesses Royales, à l'effet des
> » présentes ;

» Ouï le rapport de M. le Comte de Selinçourt,
» au nom de S. A. S. Monseigneur Duc de Bour-
» bon, de qui il me remet une lettre, du 16 de ce
» mois ;

» Considérant la circonstance pénible où se
» trouve, et où peut se trouver davantage l'Armée
» de S. A. S., par le défaut d'armes, fournitures et
» bagages de toutes espèces, qui demeurent saisis
» et arrêtés, en vertu d'autorité de justice, parce
» que les assignats que les trésoriers et payeurs de
» l'armée ont dernièrement donnés en paiement de
» ces divers objets, d'une valeur de cent soixante
» mille livres effectives, *se sont trouvés faux et*
» *de fausse fabrique ;*

» Considérant l'impossibilité de suivre les inten-
» tions que S. A. S. m'indique dans sadite lettre,
» et de *gagner du temps* avec les fournisseurs alar-
» més, et qui, pour et avant de donner main-
» levée, exigent de moi des sûretés réelles pour la-
» dite somme de cent soixante mille livres ;

» Considérant que la bonne foi, l'honneur et la
» dignité des Augustes Princes qui m'ont honoré
» de leurs pouvoirs se trouveraient compromis si
» j'hésitais un moment à reconnaître et déclarer
» que LL. AA. RR. et S. A. S. sont aussi étrangè-
» res que je le suis moi-même à cette livraison de
» fausse monnaie (manœuvre manifeste des révolu-
» tionnaires), et que les Princes n'entendent pas
» que les fournisseurs de leurs Armées ne soient
» pas pleinement satisfaits à tous égards ;

» Considérant, enfin, qu'en recevant, comme
» je reçois, et remettant, comme je remets présen-
» tement à M. le Comte de Selincourt, la main-

» levée qui m'a été accordée, au moyen des pré-
» sentes, desdits saisies, et arrêts, je parviens à
» parer à tous les inconvéniens existans et éven-
» tuels;

» Déclare et reconnais, par ces présentes, écrites
» et signées de ma main et scellées de mon sceau,
» avoir rendu LL. AA. RR., et me rendre moi-
» même, personnellement et réellement débiteurs
» et responsables *solidaires* envers M. le Mayeur
» de Colson, de ladite somme de cent soixante
» mille livres effectives, pour sûretés plus amples
» de laquelle je lui remets, en ce moment, afin de
» s'en aider dans les paiemens que lui-même aurait
» à faire partiellement,

» Quatre obligations
» séparées de. . . . . $\left\{\begin{array}{l} 60,000 \text{ liv.} \\ 40,000 \\ 40,000 \\ 20,000 \end{array}\right\}$ formant en-
semble

» ladite somme de cent soixante mille livres, et
» ne faisant ensemble, avec ces présentes, qu'une
» seule et même obligation, dont et desquelles le
» paiement, tant en intérêts qu'en principal, *ne*
» *pourra toutefois être exigé qu'après la rentrée*
» *des Princes en France.*

» Il est entendu que ces intérêts seront à demi
» pour cent par mois.

» Donné et délivré à Liége, ce vingt septembre
» mil sept cent quatre-vingt-douze.

» Le Comte DE PFAFF DE PFAFFENHOFFEN.

(L. S.)

» Et il est convenu qu'en tout cas, lors de l'é-
» chéance, je ne pourrai être forcé au paiement,

» qu'après avoir notifié la demande à LL. AA. RB
» et les avoir appelées en garantie.

» Comte DE PFAFF. »

Et le même jour, le Juge Suprême du Pays de Liége, a homologué cette Obligation par l'Ordonnance suivante :

« *In fidem et ad robur præmissorum, vindicia-*
» *rumque de quibus agitur, in addictionem, Nos,*
» *Petrus-Ludovicus-Josephus de Jacquet, Officia-*
» *lis Leodiensis, totiusque patriæ Leodiensis,*
» *Comitatusque Lossensis Judex - Ordinarius,*
» *Provinciæ Præses, etc., etc., præsentes has, per*
» *pro-secretarium nostrum signari, sigilloque Of-*
» *ficialatus muniri jussimus. Datas Leodii, hac*
» *vigesimá septembris* 1792.
» *De Mandato reverendi D. Domini mei supra-*
» *fati,*

» Pet.-F. BROCARD,
» Pro-Secretarius. *

(L. S. M.)

Cette Obligation et cette Ordonnance n'ont pas seulement opéré, à l'instant même, la main-levée des saisies-arrêts par lesquelles cette partie du matériel de l'Armée de Bourbon se trouvait sous la main de justice, mais elles ont encore fait cesser les clameurs et les émeutes, *retirer la plainte et annihiler le corps du délit,* que mes mains ont eu le bonheur de livrer aux flammes !

L'honneur personnel de LL. AA. RR. a été sauvé !!! Que serait-il devenu, si j'avais demandé et attendu leur autorisation spéciale ?

Voilà, puisque je suis forcé, par mon Royal Débiteur lui-même, de le publier : voilà l'origine et la nature de ma créance sur LL. MM. les Rois Louis XVIII et Charles X. Voilà l'obligation qu'un jugement, dont je vais parler, du Tribunal des Nobles de la Basse-Autriche, du 19 juin 1818, m'a condamné à payer, et dont Louis XVIII a réglé avec moi le remboursement, par portions brisées annuelles de 50,000 fr., qui devaient se continuer après sa mort, jusqu'à solde finale : mais dont rien ne m'a été payé, sous le règne de Charles X, co-débiteur solidaire, dont les agens ont osé et osent nier la dette, devant les tribunaux de l'Écosse et de la France !!! Que pourraient faire de plus les plus mortels ennemis de S. M., pour attirer sur Elle le blâme et la déconsidération ?

La restauration ayant, en 1814, ramené les Princes en France, et leur retour ayant rendu mon obligation exigible, les héritiers de celui au profit de qui elle était souscrite, se sont réunis pour en réclamer le paiement. Des diverses parties de l'Allemagne où ils se trouvaient épars, ils ont adressé leurs réclamations à plusieurs personnages de la Cour, à qui leur père avait été utile dans leur émigration; mais n'en ayant reçu que des réponses évasives, ils se sont retournés vers moi, comme caution solidaire de leurs Augustes Débiteurs.

De mon côté, je me suis présenté à la Commission de Liquidation des dettes de LL. MM., chez l'Étranger, créée par la loi du 21 décembre 1814. Mais, d'une part, la retenue respectueuse où j'étais convenu avec le duc de Richelieu de renfermer ma demande, ne m'ayant pas permis d'en faire connaître les causes : et, d'autre part, n'ayant pas pu présenter à la Commission l'Obligation restée entre les mains des héritiers, qui refusaient de se dessaisir de leur titre, sans en être payés, ma réclamation, dénuée de preuves, n'a pas pu être admise.

Le 7 octobre 1816, ces héritiers m'ont traduit devant le Tribunal Impérial et Royal des Nobles de la Basse-Autriche, séant à Vienne, où une instance a été suivie.

Par divers exploits des 27 juin et 3 juillet 1817, et autres itératifs du 17 avril 1818, les demandes des héritiers et mes défenses ont été humblement et respectueusement dénoncées, à ma requête, à S. M. Louis XVIII et à S. A. R. Monsieur, depuis S. M. Charles X, dans les formes de la loi, avec respectueuses instances et sommations d'intervenir dans le procès, et d'y prendre mes fait et cause.

Le Comte de Pradel, alors Directeur Général de la Maison du Roi, et le Duc de Richelieu, qui en avait le porte-feuille, promirent d'intervenir, et trouvèrent ensuite qu'il n'était pas de la dignité du Roi, ni de l'héritier de la Couronne de France, de comparoir devant un Tribunal Étranger. Ils me laissèrent *seul* en butte aux poursuites des porteurs de mon Obligation ; et le 19 juin 1818, le Tribunal a rendu sa sentence, *exécutoire en quatorze jours*, de la teneur suivante (*traduction du texte Allemand*) :

« SENTENCE

» Dans la Cause des Demandeurs, nommés en » icelle : *docteur Resmini*,

» Contre

» M. le Comte d'Empire, DE PFAFFENHOFFEN, Dé- » fendeur : *docteur Haushamer*.

» 19 Juin 1818 : — Nº. 8,115. — Signifiée, le » 27 juin 1818.

» PICHLER, *M. P.*

» DE par le Tribunal Impérial et Royal Provin- » cial des Nobles, en Basse Autriche, et dans la » Cause entre Louis de Colson, Marie-Henriette- » Joseph Lageman et Josephine Françoise-Char- » lotte-Éléonore Rohne, toutes deux nées de Col- » son, Demandeurs par leur avocat, *le docteur* » *Resmini*; contre M. François-Simon, Comte d'Em-

» pire, DE PFAFFENHOFFEN, Défendeur par son
» avocat, *le docteur Haushamer* :

» A l'effet d'imposer audit Défendeur le paie-
» ment de 160,000 livres tournois, avec les inté-
» rets à 6 pour cent, dus depuis le 20 septembre
» 1792, en vertu d'une Obligation délivrée, tant
» au nom de LL. AA. RR. MONSIEUR ET COMTE
» D'ARTOIS, que comme débiteur solidaire, en date
» de Liége, le 20 septembre 1792; ensemble avec
» remboursement des frais judiciaires, en consé-
» quence des actes mis au rôle, le 6 mai de l'année
» courante :

» Il a été jugé que M. le Défendeur François-
» Simon, Comte d'Empire, de PFAFFENHOFFEN *est*
» *tenu de payer, en quatorze jours*, sous peine
» d'exécution, les 160,000 livres tournois, objet de
» la demande présentée le 7 octobre 1816, avec les
» intérêts à 6 pour cent, depuis le 20 septembre
» 1792, en monnaie effective : toutefois contre 'a
» remise qui lui sera faite de son Obligation, dûment
» quittancée.

» Les frais réciproquement compensés.

» (L. S.)   JOSEPH AICHEN, *M. P.*

» DE par le Tribunal Impérial et Royal Provin-
» cial des Nobles, en Basse-Autriche.
» Vienne, ce 19 juin 1818.

» (L. S.)   PICHLER, *M. P.* »

Les motifs de cette Sentence portent ce qui
suit :

« ——— Les frais judiciaires ont été compensés

» réciproquement, parce que les Demandeurs éta-
» blissent eux-mêmes des circonstances ou faits,
» *qui font voir évidemment* que la dette dont il s'a-
» git ne regarde pas proprement Monsieur le Dé-
» fendeur, *mais le Gouvernement actuel de la*
» *France.*

» (L. S.) Joseph Picùler, *M. P.*,
» Directeur de l'expédition. »

Le total de la condamnation, les frais non compris, a formé la somme de 409,093 livres, que j'ai payées, le 4 septembre 1818, et qui m'ont coûté 28,000 francs de mes rentes, vendues au cours de 73. Voici les termes de la quittance :

QUITTANCE.

Pour acquit au nom des héritiers de Colson, mes mandans, de l'Obligation délivrée à Liége, le 20 septembre 1792, en faveur de M. Henri Ferdinand de Colson, en son vivant Mayeur à Liége, par M. le Comte François-Simon Pfaff de Pfaffenhoffen, en qualité de chargé de l'autorisation et des pouvoirs de Leurs Altesses Royales, Monsieur *et Monseigneur Comte* d'Artois, tant du principal de 160,000 liv. tournois, que des intérêts à 6 pour cent, depuis le 20 septembre 1792 jusqu'aujourd'hui, montant à la somme de 449,093 livres tournois, payés par Mondit Sieur le Comte de Pfaff de Pfaffenhoffen, contre la restitution de l'Obligation en original, dessus-dite; le tout conformément et en exécution de la Sentence portée par le Tribunal Impérial et Royal Provincial des Nobles, en Basse-Autriche, en date du 19 juin 1818, N°. 8115.

Vienne en Autriche, le 4 septembre 1818.

Signé, Pamphile de Resmini, *Docteur en droit, Avocat de Cour et de Justice, en qualité de mandataire des héritiers Colson.*

(Suivent les légalisations.)

A la production de la Sentence, de l'Obligation et de la Quittance, au Ministère de la Maison du Roi, le Directeur Général, Comte de Pradel, a fait à S. M., le 13 mars 1819, un Rapport qu'Elle a revêtu de son approbation. Cette Décision Royale est dans les termes suivans :

RAPPORT AU ROI.

« Sire,

» Le Comte de Pfaffenhoffen présenta, en 1815,
» à la Commission de liquidation, instituée en vertu
» de la loi du 21 décembre 1814, un mémoire con-
» tenant *l'aperçu* des avances qu'il annonçait avoir
» faites pour le service de l'armée royale pendant
» l'émigration. Il porta le montant de ces avan-
» ces à 392,000 francs et il l'éleva à 882,000 francs
» par l'addition des intérêts échus ; mais considé-
» rant qu'il n'était redevable envers les personnes
» desquelles il avait emprunté pour le service de
» Votre Majesté, que d'un capital de 160,000 fr.
» productif d'intérêts, il borna sa réclamation à la
» somme de 360,000 francs.

» La Commission, persuadée du dévoûment du
» Comte DE PFAFFENHOFFEN, ne crut pas cependant
» pouvoir accueillir une demande qui n'était pas
» appuyée de pièces justificatives süffisantes, et
» Votre Majesté daigna approuver sa décision.

» Depuis, ce créancier a formé une nouvelle ré-
» clamation : il a demandé le remboursement d'une
» Obligation souscrite par lui en 1792, personnel-
» lement et au nom des Princes, et montant en
» capital à 160,000 francs. Il a *légalement* demandé
» le paiement des intérêts stipulés à 6 pour cent ;
» il était alors pressé par les possesseurs de l'Obli-
» gation d'effectuer lui-même ce double paie-
» ment.

» La Commission de liquidation ayant terminé
» ses opérations, je n'ai pu faire mettre sous ses
» yeux cette réclamation, et je l'ai examinée moi-
» même.

» J'ai d'abord remarqué que l'objet n'en avait
» pas été compris dans la première demande ; et
» cette circonstance m'a paru présenter une objec-
» tion qui n'était pas sans force.

» J'ai considéré d'ailleurs que l'original de l'Obli-
» gation annoncée n'était pas produit ; qu'il n'en
» était présenté qu'une copie informe, qui jetait
» de l'incertitude et sur l'Obligation et sur la sin-
» cérité de sa date ; qu'il n'était pas constant que le
» réclamant eût reçu un mandat pour contracter
» au nom des Princes ; et par toutes ces raisons, je
» ne crus pas que la demande dût être accueillie.
» Cependant, le Comte DE PFAFFENHOFFEN, pour-
» suivi devant le Tribunal Provincial des Nobles de

» la Basse Autriche, par les héritiers du créancier
» au profit duquel l'Obligation dont il s'agit a été
» souscrite, a demandé l'intervention de Votre
» Majesté et de S. A. R. Monsieur, pour le garan-
» tir des poursuites dirigées contre lui. Il ne m'a
» pas semblé qu'il fût de la dignité du Roi de France
» de comparaître devant un Tribunal Étranger, et
» l'intervention n'a point eu lieu.

» Par suite de cette procédure, le Comte de
» Pfaffenhoffen a été condamné, par la Sentence
» de ce Triubnal, en date du 19 juin 1818, à payer
» le montant de l'Obligation et les intérêts, à raison
» de 6 pour cent, dans le délai de quatorze jours,
» sous peine d'exécution.

» Appuyé sur cette condamnation, par suite de
» laquelle il annonce qu'il a été dépossédé de ses
» biens, il a renouvelé sa demande en rembour-
» sement et produit de nouvelles pièces justifica-
» tives. J'ai examiné le tout avec beaucoup d'atten-
» tion.

» La condamnation n'est pas douteuse : une ex-
» pédition en bonne forme du jugement m'a été
» produite. Elle est accompagnée d'une copie cer-
» tifiée conforme par l'autorité compétente, de
» l'Obligation ci-dessus énoncée. Il résulte de cette
» pièce, la preuve que l'Obligation a été souscrite
» le 20 septembre 1792, au profit du Mayeur de
» Liége, le sieur Colson; qu'elle l'a été pour déga-
» ger les armes, fournitures et bagages de l'Armée
» de Monseigneur le Duc de Bourbon, des saisies
» dont ils étaient frappés : qu'au moyen de cet en-
» gagement, la main-levée des saisies a été donnée

» sur-le-champ ; — Que le Comte de Pfaffenhoffen
» a obligé Votre Majesté et S. A. R. Monsieur, en
» prenant la qualité de fondé de pouvoirs des
» Princes, et qu'il s'est lui même personnellement
» obligé ; qu'enfin le capital de l'Obligation est de
» 160,000 francs ; et qu'il y a stipulation d'intérêts,
» à six pour cent.

» Une Quittance datée de Vienne, le 4 septem-
» bre 1818, atteste que le Comte de Pfaffenhof-
» fen a satisfait au Jugement prononcé contre lui,
» et qu'il a payé, tant en capital qu'en intérêts, aux
» héritiers Colson, la somme de 409,093 francs.

» La production de ces pièces a dissipé les doutes
» que j'avais d'abord conçus. Il me paraît qu'elles
» établissent la preuve d'une créance au profit du
» réclamant. *Cette certitude acquise*, j'ai cru
» devoir mettre sous les yeux de Votre Majesté la
» demande d'un homme dévoué à la cause royale,
» dont le zèle est bien connu, et que la condamna-
» tion qu'il a subie paraît avoir réduit à un état
» déplorable.

» Je ne puis avoir l'honneur de proposer à Votre
» Majesté d'ordonner la liquidation et le rembour-
» sement de la créance du Comte de Pfaffenhof
» fen, car le crédit affecté par la loi du 21 décem-
» bre 1814 au paiement des dettes contractées en
» Pays Étrangers, est entièrement épuisé, et il n'en
» a point été ouvert de nouveau, sur lequel pour-
» rait être imputé le remboursement d'une créance
» qui, par sa nature, est à la charge de l'État.

» Mais peut-être Votre Majesté jugera à-propos
» de tirer M. de Pfaffenhoffen de la position

» pénible où son dévoûment l'a jetée ; et *en atten-*
» *dant que la justice qu'il est fondé à espérer*
» *puisse lui être rendue*, de lui accorder sur les
» fonds de la liste civile, une pension proportion-
» née à sa qualité, à ses services et à l'importance
» de la somme qui lui est due.

» C'est dans cette persuasion que je prie le Roi
» de vouloir bien me donner ses ordres.

» (*Ici est écrit de la main du Roi.*) APPROUVÉ.

» *Signé* LOUIS.

» Paris, le 13 mars 1819. »

La modique pension de 6,000 fr., qui me fut alors accordée, étant loin de remplir le vide que la vente de 28,000 fr. de mes rentes, *au cours de* 73, avait opéré dans ma fortune, je continuai à solliciter mon remboursement. Le Marquis de Lauriston, qui parvint bientôt après au Ministère de la Maison du Roi, demanda un nouveau Rapport à son Conseil du Contentieux, qui ne se retrouve pas dans les cartons de la Maison du Roi, mais qui, comme l'a dit un autre Rapport, en 1825,

« Par un travail lumineux, du mois de janvier
» 1821, conclut à confirmer la reconnaissance de
» la légitimité de la dette, *qui ne pouvait être dis-*
» *cutée sans de graves inconvéniens ;* et à ce que
» le Ministre emploie tous les moyens possibles de
» la rembourser. »

Sur ce rapport, mis sous les yeux du Roi, le Marquis de Lauriston reçut l'ordre de S. M. de traiter directement lui-même, et sans intermédiaire, cette affaire avec moi ; et ce Ministre m'écrivit en conséquence, le 23 mai 1821, la lettre suivante :

« Ministère de la Maison du Roi.

» Paris, le 23 mai 1821.

» Monsieur le Comte,

» J'ai cru devoir mettre de nouveau sous les yeux » du Roi un exposé des réclamations que, depuis » plusieurs années, vous n'avez pas cessé d'adres- » ser au Ministère qui m'est en ce moment confié. » Mais, comme vous le savez, Monsieur le Comte, » les créances de cette nature ont été jusqu'apré- » sent liquidées et remboursées au moyen de fonds » fournis par l'État. *L'épuisement du crédit qui* » *avait été ouvert pour cet objet, par la loi du* » *21 décembre 1814, a pu* SEUL *retarder la liqui-* » *dation qui vous concerne, et vous place dans la* » *nécessité d'attendre qu'il soit accordé, de la* » *même manière, un fonds supplémentaire.* Tou- » tefois, le Roi, touché de la situation dans la- » quelle vous vous trouvez, et prenant en considé- » ration le dévoûment que vous avez constamment » montré pour son service, a bien voulu venir à » votre secours, en vous faisant payer, *à titre d'a* » *vance,* par le Trésor de la Couronne, une somme » de cinquante mille francs, dont Sa Majesté en- » tend que vous teniez compte à ce Trésor, lors de » la liquidation définitive, qui sera faite ultérieu-

» rement à votre profit, si, comme il y a lieu de
» l'espérer, un supplément est accordé au crédit
» ouvert en 1814. Je m'empresse, Monsieur le
» Comte, de vous informer des intentions du Roi,
» auxquelles je me conformerai, en vous faisant
» expédier de suite une Ordonnance de cinquante
» mille francs; et je suis charmé d'avoir à vous an-
» noncer cette marque particulière de la bienveil-
» lance de Sa Majesté. Si, contre mon attente, il
» n'était pas fait un fonds supplémentaire l'année
» prochaine, je ferai tout ce qui dépendra de moi
» pour vous obtenir un nouveau secours.

» Agréez, je vous prie, Monsieur le Comte, les
» assurances de ma haute considération.

» Le Ministre Secrétaire-d'État au Département
» de la Maison du Roi,

» Marquis DE LAURISTON. »

Par une autre lettre du 1er. juin suivant, ce même Ministre m'écrivit en ces termes :

« Monsieur le Comte,

» J'ai l'honneur de vous faire savoir que le Roi,
» *connaissant votre dévoûment à sa personne, et*
» *les malheurs que vous avez éprouvés,* vient de
» vous accorder une pension annuelle de douze
» mille francs, *dont vous jouirez jusqu'à la liqui-*
» *dation de la créance que vous réclamez.* Cette
» pension annule celle qui vous avait été accor-
» dée sous le n°. 3779, etc., etc., etc.

» Le Ministre Secrétaire d'État au département
» de la Maison du Roi,

» Marqui DE LAURIST »

J'ai rapporté ces deux lettres du Ministre, et de la même époque, pour faire remarquer que, par la première, les 50,000 fr., qui m'y sont annoncés, m'ont été payés, « *à titre d'avances sur* » *ma créance, et à la charge par moi d'en tenir* » *compte, lors de ma liquidation définitive;* » tandis que, par la seconde, la pension qui m'est accordée, *pour en jouir jusqu'à la liquidation de ma créance*, ne m'oblige à aucun remboursement. Elle ne m'est pas accordée à titre gratuit de bénévolence ni de munificence : mais elle est à-la-fois un témoignage de la reconnaissance du Roi, le prix des malheurs que mon dévoûment à sa personne m'a fait éprouver, et une sorte de compensation du retard que j'accordais moi-même à l'époque de mon remboursement. Et ces malheurs auxquels elle se réfère, je dois les signaler ici, sont les deux prisons que j'ai endurées : l'une, en 1804, *comme suspect de complicité avec le Duc d'Enghien* ; la seconde, de 1812 à 1813, *comme partisan connu des Princes Français*. J'avais été arrêté, non sur le territoire de France, mais en Danemarck, traîné à Hambourg, transféré à Paris, enfin, confiné au Donjon de Vincennes. J'avais perdu, dans ces translations, plus de 240,000 fr., par l'enlèvement que la Police Savary-Rovigo m'avait fait *de papiers concernant ma fortune*, parmi lesquels se trouvaient *des actions au porteur* d'un emprunt des Princes d'Angleterre, qui ne m'ont jamais été rendues, et dont les spoliateurs auront pu profiter.

On vient de voir que le brevet de ma pension portait que j'en jouirais jusqu'à la liquidation de ma créance. Or, elle m'a été régulièrement payée pendant tout le règne de CHARLES X : on verra plus bas que l'Intendant-Général de la Maison du Roi m'a proposé de me la racheter ! Ce service des paiemens, cette proposition de rachat ne sont-ils pas des preuves patentes de la reconnaissance, par CHARLES X, de la dette qu'on lui fait nier aujourd'hui ?

Cependant, en conséquence du Rapport fait au Roi Louis XVIII au mois de janvier 1821, de la lettre du Ministre du 23 mai et des ordres de SA MAJESTÉ, deux Ordonnances, des 24 mai 1821 et 27 février 1822, m'ont fait payer deux sommes de 50,000 fr. chacune. Voici dans quels termes ma créance y est reconnue :

> « A titre de provisoire et d'avance, sur sa créance,
> » pour obligation contractée, en son nom person-
> » nel, pour le service des Princes, en septembre
> » 1792, conformément à la décision du Roi, du
> » 17 mai 1821-31 janvier 1822, dont extrait est ci-
> » joint. »

Il est à propos de peser la valeur de tous et chacun de ces termes, et d'observer combien ils sont formels, combien ils sont précis : « 50,000 fr. » me sont payés, à titre de provisoire et d'avance, » sur ma créance, pour obligation contractée, » en mon nom personnel, pour le service des » Princes, en 1792 ! » — Peut-il exister ? existe-t-il quelque chose de plus exact, de plus positif pour exprimer et constater le titre originel et la reconnaissance d'une dette dont la désignation si expresse, en vertu d'une décision du Roi, est suivie du paiement !..... Et on ose faire dire au Roi CHARLES X que LOUIS XVIII n'a jamais reconnu la dette !

L'année suivante 1823, la Liste Civile obérée n'a pas pu me continuer ces avances. *Monsieur,* aujourd'hui mon Royal Adversaire, était mon Débiteur solidaire : j'eus recours à Son Altesse Royale, qui me fit répondre par la lettre suivante :

« Pavillon Marsan, le 13 mars 1823.

» Monsieur le Comte,

» J'ai l'honneur de vous renvoyer, *par ordre* » *de Monsieur,* la pièce qui était jointe à la lettre » que vous avez adressée, le 4 de ce mois, à Son » Altesse Royale.

» A l'époque du retour du Roi en France, Sa

» Majesté a déclaré que c'était à Elle seule que de-
» vraient être présentées toutes les réclamations
» pour dettes contractées par les Princes durant
» leur séjour en pays étranger.

» Il résulte de cette décision, que *Monsieur* ne
» peut absolument rien pour l'affaire dont vous
» avez entretenu Son Altesse Royale. *Monsieur* ne
» peut donner aucun ordre au Ministre de la Mai-
» son du Roi; c'est donc à Sa Majesté SEULE que
» vous pouvez vous adresser.

» Agréez, je vous prie, l'hommage de la consi-
» dération la plus distinguée, avec laquelle j'ai
» l'honneur d'être, etc., etc., etc.,

» Le Chevalier VALDENÉ,
» *Secrétaire du Cabinet de* Monsieur,
» *Frère du Roi.* »

Je demande si c'est en de tels termes que l'on
répond à un créancier, qu'on ne reconnaît pas ?
Si *Monsieur* n'eût pas reconnu sa dette, m'aurait-
il renvoyé au Roi, son Frère, « comme s'étant
» SEUL chargé du paiement des dettes contrac-
» tées par les Princes, durant leur séjour en
» Pays Étranger ? »

On a l'impudeur de faire nier au Roi CHARLES X
cette dette sacrée ! Je me réfère aux actes du
Procès de Vienne : on y verra une lettre de
l'Évêque d'Arras, qui, en réponse à une lettre
où j'avais peint à Monseigneur, Comte d'Artois
les détresses du créancier envers qui j'avais con-

senti l'Obligation du 20 de septembre 1792,
m'écrivait :

> « ..... Je suis autorisé par Monseigneur, Comte
> » d'Artois, à vous mander, de sa part, M. le
> » Comte, que vous serez toujours environné de
> » son intérêt et de ses bons offices, jusqu'à l'époque
> » où il sera au pouvoir des Augustes Chefs de notre
> » nation, *de reconnaître et de récompenser les*
> » *bonnes et honorables actions.....* Nous pouvons
> » donc espérer que vous aurez encore des moyens
> » *d'effectuer des engagemens,* qui sont à-la-fois
> » des preuves de votre discernement, *et des garans*
> » *de votre dévoûment aux personnes et aux inté-*
> » *rêts de nos Princes,* etc., etc., etc.
>
> » † L'Évêque d'Arras. »

Cette lettre n'est-elle donc pas une reconnaissance, une approbation, une ratification aussi
honorable que complète de mon Obligation et
des engagemens que m'avait dictés mon dévoûment aux personnes et aux intérêts des Princes ?

J'ai besoin de croire que l'objet de mon culte
pendant quarante ans ne connaît rien des honteuses négations de ses défenseurs, qui seraient,
de sa part, les actes de la plus insigne mauvaise
foi. Il en est incapable !

Je dirai bientôt comment, devenu Roi, Charles X a encore reconnu sa dette, tant de sa
bouche même que par l'organe de ses Ministres,

et par les diverses Commissions qu'il a instituées « *pour reconnaître et fixer* les dettes chez l'é- » tranger. »

Mais avant d'établir ces faits et d'arriver au règne de Charles X, je dois achever celui de Louis XVIII; et parler des circonstances du troisième à-compte de 5o,ooo fr. qui m'ont été payés en 1824; lequel à-compte devait être suivi d'autres paiemens annuels de pareille somme, jusqu'à parfait paiement; voici ces cir- constances :

Le Maréchal Marquis de Lauriston m'engagea à demander au Roi une audience particulière à laquelle il assisterait , « pour , me dit-il, que » votre affaire soit réglée définitivement : car je » ne puis plus espérer de fonds supplémentaires » par M. de Villèle. » — Le Roi m'accorda au- dience : le Maréchal y fut présent ; et voici les paroles du Roi, que j'ai religieusement conser- vées, et déjà rapportées à la Chambre des Dé- putés :

« Je vous sais gré de votre discrétion sur une af- » faire qui doit rester secrète... Ma Liste Civile est » surchargée; autrement je vous aurais fait rem- » bourser entièrement. Je ne m'en tiendrai cepen- » dant pas à la nouvelle avance de 5o,ooo fr. qui va » vous être faite : elle vous sera répétée annuelle- » ment, jusqu'à ce qu'on fasse des fonds supplémen-

» taires, dont les circonstances ne permettent pas
» que la proposition soit encore faite. Je veux aussi
» doubler votre pension, dès que je le pourrai ;
» et je n'en serai pas moins en reste avec vous. Vos
» sentimens me sont connus ; vos services me sont
» toujours présens. — *Il est des dettes telles que*
» *les Rois même ne peuvent pas les payer !* »

En prononçant ces dernières paroles, le Roi,
me voyant attendri de ses accens, daigna me
tendre la main, et me permit d'y sceller ce contrat des lèvres de la reconnaissance. — Puis, se
tournant vers le Maréchal, le Roi lui dit :

« Que ceci soit entendu et reste réglé pour l'avè-
» nir: *que le Ciel me prête vie ou non.*—Nous som-
» mes heureux d'avoir un tel créancier d'une dette
» aussi *pudibonde* : mais elle ne m'en pèse pas
» moins. Faites vite expédier l'Ordonnance. »

Les paroles royales que je viens de rapporter
avec exactitude, ont été suivies d'une troisième
Ordonnance, en ces termes :

« La somme de 5o,ooo fr. qui lui est accordée,
» par Décision du Roi, du 27 mars 1824, à titre
» de provisoire et de troisième avance, sur celle de
» 4oo,ooo fr., qui peut lui rester due, pour Obli-
» gation contractée, en son nom, pour le service
» des Princes, en 1792. »

Ces expressions n'ont pas besoin de commen-

taires. Jamais dette a-t-elle été plus expressément, plus solennellement reconnue?

Le Roi Louis XVIII mourut au mois de septembre suivant.

Je revins à Paris au mois de décembre. Le
nouveau Ministre de la Maison du Roi, le Duc
de Doudeauville « m'exprima le plus grand désir
» de seconder les vœux du Roi CHARLES X,
» d'être libéré des dettes de l'hospitalité : il se
» plaignit du peu de moyens qu'ils avaient l'un
» et l'autre d'opérer leur paiement, et des obs-
» tacles qui s'y opposaient, et n'avaient pas en-
» core pu être surmontés! » Il m'engagea à voir
le Roi, qui m'accorda une audience, le 29 de
décembre 1824. Je remis deux Mémoires à SA
MAJESTÉ; l'un sur sa dette personnelle envers
moi; l'autre sur la perte dont j'ai parlé ci-dessus,
« des papiers concernant ma fortune, » qui
m'avaient été enlevés par les agens de la police,
lors de ma dernière prison.

Le Roi me dit, avec l'accent de ses anciennes
bontés :

« Vos Mémoires seront examinés avec attention.
» Soyez sûr que je mettrai à vos affaires l'intérêt
» que vous avez mis aux nôtres. »

En commençant à parler au Roi de l'affaire

Colson, je n'eus pas plus tôt prononcé ce nom, que Sa Majesté, m'interrompant, me dit :

« Ah ! ce bon Colson ! il nous était bien dévoué. »

Je dis au Roi que Louis XVIII avait réglé avec moi les paiemens annuels de sa dette aux Colson, et qu'il m'avait promis de doubler ma pension; que j'espérais que Sa Majesté ne changerait rien à ces dispositions, et qu'Elle remplirait ces promesses.

Le Roi me répondit :

« Je ne détruirai rien de ce que mon Frère a fait, et que j'aurai plaisir à faire. »

Je parlai au Roi des embarras que le Duc de Doudeauville m'avait fait craindre dans les ressources de la Liste Civile, pour acquitter les dettes de l'émigration.

Le Roi me répondit :

« Oui, ma Liste Civile est embarrassée ; et il est
» question de savoir à qui, de l'État ou de Moi, il
» appartient de payer les dettes chez l'Étranger.
» Mais voyez le Duc de Doudeauville et le Comte
» de Villèle ; voyez-les de ma part : tâchez de les
» mettre d'accord. Vous nous rendrez service à
» tous ; ce ne sera pas pour la première fois : j'y
» suis accoutumé de votre part. »

En me congédiant, le Roi me dit :

> « En tous cas, les arrangemens réglés par mon
> » Frère seront religieusement exécutés ; et soyez
> » sûr que je serai bien aise de vous donner des
> » marques de mes souvenirs de tout ce que vous
> » avez fait pour nous. »

J'atteste, sur mon honneur et sur ma foi, l'exactitude de ce récit, sur lequel je me réfère au Roi lui-même, et dont j'ai rendu compte, sur-le-champ, au Duc de Doudeauville, qui attendait, dans la salle du Conseil, le résultat de cette audience, qu'il aura d'autant moins oublié que la correspondance qui s'établit, dès ce moment, entre lui et moi, en donne la preuve.

En conséquence de l'autorisation du Roi, j'ai vu, de sa part, les deux Ministres qu'Il m'avait chargé de mettre d'accord. J'ai été porteur de paroles de l'un à l'autre : j'ai toujours trouvé honneur et loyauté dans l'un, toujours astuce et manque de foi dans l'autre. Il serait trop long d'en rapporter ici toutes les particularités ; je vais me borner au résultat.

Dans une audience du 5 de février 1825, après plus d'une demi-heure de discussion, où j'appris à connaître l'homme à qui le Roi s'était livré et m'avait référé, M. de Villèle me dit,

> « Que M. le Ministre de la Maison du Roi me

» donne les états de l'emploi des trente millions
» votés en 1814, et les états de ce qui reste à payer
» des dettes du Roi chez l'Étranger, mais des états
» appuyés de pièces. Alors je monterai à la tribune
» pour y faire la demande des fonds supplémentai-
» res nécessaires pour l'entier acquit de ces dettes. »

Pour former ces deux états, le Ministre de la Maison du Roi a institué deux Commissions : l'une pour constater l'emploi des trente millions, la seconde pour *reconnaître et fixer* le reste des dettes du Roi chez l'Étranger. Celle-ci, compo-sée du Marquis de Saint-Géry, Député ; de M Paul Chateaudouble, Député, et de M. Cal-ley de Saint-Paul, Jurisconsulte, a fait sur ma créance deux Rapports, l'un du 27 février, l'autre du 24 avril 1825.

Après un exposé des faits constans, le pre-mier rapport se termine, ainsi qu'il suit :

« C'est dans cet état de choses que le Ministre se
» fit faire (le 2 janvier 1821) un rapport très cir-
». constancié sur toute cette affaire. *Ce travail lu-*
» *mineux conclut à reconnaître la légitimité de la*
» *créance dont il s'agit, et à ce qu'on emploie*
» *tous les moyens possibles de la rembourser.*
» Il paraît qu'à cette époque, le Roi fit payer à
» M. Pfaff une forte somme, à valoir sur cette
» créance, c'est à-dire trois fois 5o,ooo fr., les

» 17 mars 1821, 5 février 1822 et 29 mars 1814, en
» tout 150,000 fr.

» La Commission que le Ministre daigne consul-
» ter sur cette situation de l'affaire, est d'avis :

» Que la Créance est incontestable ; que les
» sentimens d'honneur et de reconnaissance en
» réclament le remboursement ; et que, par con-
» séquent, loin qu'il y ait lieu à lui supprimer la
» pension que le Roi lui a accordée, en attendant
» que la créance ait pu être remboursée, il serait
» juste qu'elle fût portée à la somme nécessaire
» pour le couvrir des intérêts annuels du capital
» qui lui est dû.

» Paris, le 27 février 1825.

» *Signé*, Paul Chateaudouble ;
» Marquis De Saint-Géry ;
» Calley Saint-Paul. »

. Le 24 avril suivant, la même Commission a
donné l'avis qui suit :

« Depuis que la Commission a donné l'avis ci-
» dessus, et qu'il a été connu de Son Excellence,
» il paraît que la Commission des pensions, qui
» avait émis auparavant une opinion contraire sur
» l'affaire dont il s'agit, a cru devoir combattre
» cet avis de l'autre Commission. Dans une note,
» remise à cet effet, le 9 avril 1825, à Son Excel-
» lence, on dit, entre autres choses :

» 1°. Il paraît évident que M. Pfaff a emprunté
» à Liége en 1792, et pour son propre compte, sans
» aucune garantie, une forte somme à 6 pour cent ;

» 2°. On se demande encore pourquoi M. Pfaff,
» dont le zèle et l'activité sont si connus en Eu-
» rope, ne s'est pas présenté à la liquidation, au
» moment de la restauration. »

» Les membres soussignés de la Commission
» n'ont aucun motif pour justifier la Réclamation
» de M. Pfaff, non plus que pour combattre l'o-
» pinion de la Commission des pensions ; ils s'abs-
» tiendraient même de toutes réflexions à cet
» égard, s'ils ne s'y trouvaient provoqués par le
» renvoi que Son Excellence a daigné leur faire de
» la note qu'on vient d'analyser.

» Ce n'est qu'après un mûr examen des pièces
» de cette affaire, que les Soussignés se sont formé
» l'opinion qu'ils ont émise le 27 février dernier.
» Ils supplient Son Excellence de prendre, par
» Elle-même, connaissance des pièces établissant
» les faits. Elle y verra :

» 1°. La mission et l'Autorisation dont les Prin-
» ces ont honoré M. Pfaff, le 20 avril 1792 ; au-
» torisation qui, assurément, n'a pas prévu le cas
» de l'obligation contractée postérieurement par ce
» mandataire, mais qui a pu l'enorgueillir et en
» même temps exalter son zèle ;

» 2°. *L'obligation en garantie qu'il a contractée,*
» *le 20 septembre* 1792, vis-à vis le Mayeur de
» Liége, pour apaiser ses habitans, et faire ren-
» dre à l'armée des Princes ses bagages et muni-
» tions, qui paraissent avoir été saisis alors tumul-
» tuairement ; obligation judiciairement homolo-
» gnée le même jour par le Tribunal de Liége, *et*

» *qui a uniquement le caractère d'une garantie, et*
» *non d'un emprunt ;*

» Les divers actes et exploits extra-judiciaires
» par lesquels M. Pfaff a sommé le Gouvernement
» Français d'intervenir dans le procès qui lui était
» intenté par les héritiers du Mayeur de Liége,
» mort en 1799 ; sommations auxquelles le Gouver-
» nement a résisté, tandis qu'il pouvait profiter de
» cette occasion pour intervenir dans le procès,
» éclairer tous les faits, et éviter à M. Pfaff toute
» condamnation, si cela était possible ;

» 4°. Le jugement du Tribunal des Nobles, en
» Basse Autriche, rendu, à Vienne, le 19 juin
» 1818, qui condamne M. Pfaff à payer, en qua-
» torze jours, sous peine d'exécution, les 160,000 liv.
» demandées, avec les intérêts à six pour cent,
» depuis le 20 septembre 1792 ;

» 5°. La quittance régulière du montant de ces
» condamnations, datée de Vienne, le 4 septembre
» 1818 ;

» Toutes lesquelles pièces sont régulières et au-
» thentiques ;

» 6°. Le rapport fait au Roi, le 13 mars 1819,
» *où la créance de M. Pfaff est reconnue,* ET
» QUE SA MAJESTÉ A DAIGNÉ APPROUVER ;

» 7°. Le nouveau Rapport du Chef du Contentieux
» sur cette affaire, en date du 2 janvier 1821 ;

» 8°. Et enfin la demande originaire formée par
» M. Pfaff près la Commission de 1814, pour ob-
» tenir le paiement de plus de 800,000 fr., *et à la*
» *suite de laquelle il annonçait le fait d'une garan-*
» *tie donnée par lui pour le service des Princes,*

» *mais pour raison de laquelle il n'avait pas encore*
» *été recherché.*

» Les Soussignés bornent la justification de l'avis
» qu'ils ont donné sur cette affaire, à l'examen que
» Son Excellence voudra bien faire Elle-même des
» pièces ci-dessus relatées.

» *Signé*, Paul Chateaudouble;
» Marquis de Saint Géry ;
» Calley Saint-Paul. »

Si les Commissions royales ne sont pas des déceptions, si leurs décisions les plus consciencieuses ne sont pas des illusions, Charles X n'a-t-il pas reconnu sa dette envers moi, par la Commission qu'il a chargée de la reconnaître, et qui a déclaré « *cette créance incontestable, et que les* ». *sentimens d'honneur et de reconnaissance en* » *réclamaient le remboursement ?* »

Et on soutient que Charles X ne l'a pas reconnue !

Cependant l'autre Commission, chargée de la révision de l'emploi des trente millions, avait aussi terminé son travail : tous les deux ont été remis par le Ministre de la Maison du Roi à celui des Finances, qui, sollicité sans cesse, promettait sans cesse de s'occuper des moyens de paiement. Mais cet homme, éminemment fallacieux, n'avait, dans ses promesses décevantes, pas plus de respect pour son Maître, que d'égards pour son vénérable Collègue et pour moi. J'ai vingt lettres du Duc de Doudeauville qui en donnent la preuve. Je citerai celle du 24 janvier 1826.

« ..... Ainsi que je vous l'ai fait connaître l'an-
» née dernière, je n'ai rien négligé pour obtenir
» les moyens d'achever la liquidation des dettes
» contractées, en Pays Étrangers, par le Roi et les
» Princes de la Famille Royale : c'est un des objets
» de mon administration dont je m'occupe avec
» le plus de soin. Soyez bien persuadé de l'attention
» que je mettrai à ce que vous n'éprouviez aucun
» retard dans vos demandes, *aussitôt que le Gou-*
» *vernement du Roi aura alloué, par une dispo-*
» *sition législative, les fonds nécessaires pour ac-*
» *quitter ces dettes*, etc. »

Je citerai encore celle qu'il m'écrivit le 20 de février suivant :

« On (*le Comte de Villèle*) m'a assuré encore
» hier, qu'On *s'occupait activement des moyens de*
» *payer des dettes sacrées pour tous les bons Fran-*
» *çais ;* On a ajouté que, très incessamment, ces
» moyens seraient proposés aux Chambres. Je vous
» engage donc, ainsi que les autres créanciers, à
» attendre patiemment le résultat de ces promes-
» ses , etc. »

N'est-il pas à remarquer avec quelle circons-pection le Duc de Doudeauville me parle de son

Collègue, qu'il n'ose me désigner que par ON, sans oser le nommer!

Dans une audience du 25 de ce même mois de février 1826, cet ON, ce Comte de Villèle m'a confirmé tout ce que le Duc de Doudeauville m'avait écrit: il me dit de plus:

> « Qu'on s'occupait, dans ses propres bureaux,
> » des états de ce qui pouvait revenir au Roi, en
> » vertu de la loi d'indemnité; et qu'aussitôt que
> » ces états seraient achevés, il demanderait aux
> » Chambres que le montant en soit appliqué au
> » paiement du reste des dettes du Roi à l'Étranger :
> » par où, m'ajouta-t-il, la somme des fonds supplé-
> » mentaires à y ajouter sera plus légère. »

Le 12 mars suivant, le Duc de Doudeauville m'écrivit encore:

> « Je m'empresse de vous dire que je m'occupe
> » constamment des affaires que vous me recom-
> » mandez. J'en ai encore parlé ces jours-ci : la ré-
> » ponse (*de M. de Villèle*) a été très favorable,
> » et j'espère qu'incessamment vous en aurez la
> » preuve. »

Tant d'espérances n'ont été que des illusions ! Tant d'assurances n'ont été que des déceptions ! Le fourbe Villèle, dans une affaire où l'honneur et la probité de son Roi étaient si gravement intéressés, se jouait, non seulement de moi, mais même du Ministre, son collègue, qui, le 6 avril, m'écrivit la lettre suivante :

« ..... Je me suis occupé avec le plus grand soin
» des dettes du Roi; *mais il a été décidé qu'elles*
» *devenaient dettes de l'État, et qu'elles étaient*
» *dans les attributions de M. le Comte de Villèle;*
» il m'est donc interdit de m'en mêler, etc., etc. »

Je le vis le lendemain ! — Je le trouvai dans la plus profonde affliction, pour l'honneur royal et pour l'intérêt des créanciers, d'avoir été le jouet du Comte de Villèle, qui n'avait fait décider que les dettes de S. M. étaient devenues dettes de l'État, que pour les avoir dans ses attributions, ET NE JAMAIS LES PAYER !

Je crois pouvoir et devoir révéler ici, que ce noble Pair de France, après avoir cessé sa carrière ministérielle, à l'époque où il pressentit les malheurs que le Comte de Villèle préparait à son Maître, en lui arrachant l'Ordonnance de dissolution de la Garde Nationale de Paris, me dit ces propres paroles :

« Maintenant que, Grâce à Dieu, je ne suis plus
» Ministre, je puis vous confier combien j'ai eu à
» souffrir à votre sujet. J'ai été dix fois, à cause de
» vous, sur le point de donner ma démission.
» Quand, sur une réclamation aussi respectable
» que la vôtre, j'avais obtenu du Roi que je lui

» apporte une Ordonnance de paiement, dans les
» termes réglés par Louis XVIII: et que le lende-
» main, j'arrivais et lui présentais l'Ordonnance ,
» M. de Villèle l'avait fait changer d'avis : c'eût été
» faire un pont pour d'autres, etc. Tant de pro-
» messes, suivies de tant de refus, dans une affaire
» aussi consciencieusement juste, *dont l'honneur et*
» *la reconnaissance réclamaient l'acquittement,*
» m'ont enfin décidé à envoyer ma démission. Mais
» j'ai cru devoir la communiquer à Mme. de Doudeau-
» ville, qui me la fit jeter au feu; et puis est arri-
» vée la dissolution de la Garde, qui me la fit don-
» ner sans retour : et je m'en félicite tous les
» jours. »

Je reprends mon exposé.

Le 10 de ce même mois d'avril, quatre jours
après la dernière lettre du Duc de Doudeauville,
j'eus recours à la médiation de M. l'Ambassadeur
d'Autriche, qui adressa, dès le lendemain, une
note officielle au Ministre des Finances.

Le Comte de Villèle parut y avoir égard ; il
fit, du moins, examiner mon affaire par le Chef
de son Cabinet, dont le Rapport fut conforme à
celui de la Commission de 1815.

Le Comte de Villèle ne s'en contenta pas ; il
voulut l'examiner lui-même ; il m'appela pour en
conférer avec moi : il me déclara qu'il trouvait
ma créance *à nulle autre pareille*, la SEULE *dont*
il croyait devoir s'occuper. En conséquence, le

9 juin 1826, il fit son Rapport au Roi ; et le lendemain, 10 juin, seul avec moi dans son cabinet, lui même tenant la plume, a réglé et liquidé ma créance, capital, intérêts et frais, à la somme de 470,997 fr. 64 c., à dater du 20 du même mois, huit ans juste après le jugement qui m'avait condamné, en 1818, à payer la dette de LL. MM.

Cette liquidation ainsi fixée, M. de Villèle me proposa de me payer cette somme, dans les termes déjà réglés par le feu Roi, savoir : « cinquante mille francs par an, portant intérêts jusqu'à parfait remboursement, et dont les deux années, arriérées depuis l'avénement de CHARLES X, seraient payées comptant ; qu'en outre, ma pension me serait conservée, ma vie durant. »

J'acceptai cette proposition, et je priai le Ministre de mettre ma reconnaissance aux pieds du Roi : ce qu'il me promit de faire le lendemain, en m'ajoutant que les expéditions de cet arrangement me seraient remises, avec les 100,000 fr., audit jour 20 juin.

Mais il ne m'appela que le 23, et ce fut pour me dire :

« Que la somme qui m'était due était trop minime pour qu'il pût en faire une proposition

» de loi ; que, d'après son origine et sa nature, *à*
» *nulle autre pareille*, il avait cru, en la réglant
» avec moi, la faire payer par la Liste Civile, à qui
» 5o,ooo fr. par an ne pouvaient pas être plus oné-
» reux qu'à celle de Louis XVIII ; mais que M. le
» Duc de Doudeauville s'y était refusé ! Que quant
» à lui, Ministre des Finances, il n'avait pas de
» fonds sur lesquels il puisse me faire payer ; *mais*
» *que je fasse régulariser mes titres, pour sa res-*
» *ponsabilité, et qu'il me ferait payer.* »

Le Comte de Villèle ne voulant pas s'expliquer davantage sur le mode de régularisation qu'il exigeait, je consultai mes avocats, qui, étonnés, plus qu'étonnés d'une régularisation qui ne pouvait être que judiciaire, et qui dévoilerait la nature de ma créance, *à nulle autre pareille*, sur laquelle le feu Roi avait daigné me savoir gré de ma discrétion, et le Gouvernement devait désirer le silence, me renvoyèrent au Ministre, pour savoir plus particulièrement ce qu'il entendait par régularisation ; si c'était un procès, dont le jugement, après débats et plaidoiries, ordonnerait mon paiement. Pressé à ce sujet, par lettre du 6 juillet, M. de Villèle me répondit, de sa main, *au crayon*, sur ma lettre même, en ces termes :

« Le Ministre ne veut rien. Si M. le Comte de
» Pfaffenhoffen présente au Ministère ses titres

» établissant une créance sur l'État, admissible en
» liquidation, et susceptible d'être admise par la
» Cour des Comptes, comme justificative d'un paie-
» ment légal et régulier, IL SERA PAYÉ. »

Sur cette réponse, mes Conseils considérant qu'en effet, suivant un principe du droit public Français, les domaines du Prince qui arrive au Trône, étant réunis de plein droit au domaine de l'État, les dettes du Prince, par une conséquence nécessaire de cette réunion, deviennent dettes de l'État, du moins jusqu'à concurrence de ce que l'État en a profité ; et qu'ainsi, je pouvais en effet me trouver créancier de l'État, si l'État avait profité du chef des Rois mes débiteurs, plus qu'il n'avait payé pour Eux ; mes Conseils, dis-je, conformément à la loi du 5 novembre 1790 et à l'article 69 du Code de procédure civile, me firent présenter requête au Préfet de la Seine, le 12 de ce même mois de juillet.

Le 12 octobre suivant, le Préfet a rendu son Arrêté, qu'il a adressé au Ministre des Finances, pour en ordonnancer l'exécution.

Mais le Comte de Villèle, qui, comme on l'a vu, m'avait demandé cette régularisation, n'a pas jugé à propos d'y avoir égard ; encore moins de l'approuver ; et n'osant cependant pas l'infirmer par un Arrêté régulier qui eût été trop scandaleux, il a écrit au Préfet *une lettre privée*, à laquelle ce Magistrat se crut obligé de se conformer, en m'écrivant, le 22 octobre :

« ..... Je suis tout-à-fait incompétent pour sta-
» tuer sur votre demande. La loi du 21 décembre
» 1814 a réglé les formes suivant lesquelles ces sor-
» tes de réclamations doivent être présentées; et je
» ne puis que vous renvoyer à vous pourvoir en
» conséquence ainsi que vous aviserez; *j'ajoute que*
» *la présente réponse est conforme aux principes*
» *suivis par S. Exc. le Ministre des Finances, et*
» *dont il m'a recommandé la stricte exécution,*
» *par une récente instruction, du 18 de ce mois.* »

Le Préfet ne me dit rien de l'Arrêté qu'il a rendu; il ne se déclare incompétent que pour obéir aux instructions secrètes du Ministre. Mais ayant appris qu'il avait usé de sa compétence, mes Conseils s'empressèrent de me faire présenter requête au Roi, en son Conseil-d'État, pour avoir communication, et de l'Arrêté du Préfet, et de la lettre secrète du Ministre. J'obtins, par cette voie, communication de ces deux pièces. Voici les motifs et le dispositif de l'Arrêté :

PRÉFECTURE DU DÉPARTEMENT DE LA SEINE.

ARRÊTÉ

Qui reconnaît M. le Comte de Pfaffenhoffen
Créancier de l'État.

« Vu, etc.

» Considérant qu'encore que de l'Obligation du

» 20 septembre 1792, il apparaisse que le Comte DE
» PFAFFENHOFFEN se soit reconnu personnellement
» débiteur des 160,000 liv. y énoncées; néanmoins
» les motifs qui ont présidé à sa rédaction et les
» termes mêmes dans lesquels cet acte a été conçu,
» démontrent jusqu'à l'évidence qu'il n'a ni agi, ni
» stipulé dans son intérêt particulier et personnel ;
» et que, comme mandataire secret des Princes
» Français, investi et honoré de leur confiance et
» plein de dévoûment pour leur cause, *il n'a con-*
» *sulté que son zèle pour sauver leur honneur,*
» *qu'il voyait compromis,* et faire lever le séques-
» tre apposé, à Liége, sur le matériel de leur ar-
» mée ;

» Considérant que des pièces produites il résulte
» la preuve que cette créance a été approuvée et
» reconnue tant par le feu Roi S. M. LOUIS XVIII,
» au moyen des trois à-comptes de 50,000 francs
» chacun, qu'ELLE a fait délivrer sur le Trésor de
» la Couronne à l'exposant, *que par S. M. Char-*
» *les X;* mais que par leur avènement successif au
» Trône, les dettes de LL. MM. étant devenues
» dettes de l'État, c'est à l'État qu'il appartient,
» non seulement de désintéresser M. le Comte DE
» PFAFFENHOFFEN, mais même de le dédommager
» pleinement des sacrifices que lui a imposés son
» zèle pour les intérêts des Princes de la Maison de
» Bourbon;

» Considérant que le jugement rendu au profit
» des héritiers Colson, le 19 juin 1818, n'ayant
» accordé à l'exposant, pour se libérer envers eux,
» qu'un délai de quatorze jours seulement, ce ne

» peut être qu'au grand détriment de sa fortune
» privée, qu'il est parvenu à effectuer et réaliser
» un paiement aussi considérable ;

» Qu'à ces motifs de délicatesse, d'honneur et
» de probité qui ont dicté à S. M. Louis XVIII
» l'ordre qu'elle a donné de payer au requérant
» les à comptes que celui ci a déjà reçus, se joignent
» des raisons de droit qui ne permettent pas à
» l'État de différer plus long-temps une libération
» devenue depuis la rentrée des Princes en France,
» exigible et inévitable ;

» Qu'en effet la somme réclamée est due et éta-
» blie sur des titres irrécusables ;

» Qu'elle est due par les Princes au nom desquels
» elle a été contractée ;

» Qu'elle est devenue dette de l'État, par l'avè-
» nement des Princes à la Couronne ;

» Que le paiement a été demandé en temps
» utile ;

» Que les actes nécessaires pour interrompre et
» prévenir toute déchéance et toute prescription
» ont été signifiés dans les formes légales ;

» Qu'il ne reste donc plus qu'à payer par l'Etat
» la dette de rigueur et de droit, comme les Prin-
» ces avaient consenti de payer la dette de la re-
» connaissance et de l'équité ;

» Considérant néanmoins que la somme de
» 409,093 livres, payée par le Comte DE PFAFFEN-
» HOFFEN, le 4 septembre 1818, aux héritiers Col-
» son, tant pour le capital que pour les intérêts de
» son Obligation, S. M. Louis XVIII lui ayant fait
» délivrer la somme de 150,000 francs, à trois épo-

» ques différentes, il y a lieu de liquider sa créance
» de la manière et ainsi qu'il suit :

» ——— Ainsi audit jour 4 octobre 1826, il
» reste dû la somme de . . . . 446,217 fr. 92 c.

» Le Conseiller-d'État, Préfet du Département
» de la Seine,

» Arrête ce qui suit :

» M. le Comte DE PFAFFENHOFFEN est reconnu
» Créancier de l'État;

» 1°. De la somme de 446,217 fr. 92 c., en prin-
» cipal et intérêts, calculés jusqu'au 4 octobre
» 1826, pour le montant de sa créance, résultant de
» la liquidation qui précède : ci. 446,217 fr. 92 c.;

» 2°. Des intérêts courans et à
» échoir jusqu'au jour du paie-
» ment effectif : ci. . . . . Mémoire.

» 3°. Des frais de timbre et
» d'enregistrement, et des frais
» de voyage à donner par État :
» ci. . . . . Mémoire.

» Laquelle somme de .446,217 fr. 92 c. (non
» compris les articles 2 et 3 non tirés hors ligne),
» sera payée audit Sieur Comte DE PFAFFENHOFFEN,
» sur la caisse qui sera désignée par S. Exc. le Mi-
» nistre Secrétaire-d'État des Finances : à laquelle
» caisse ledit paiement sera alloué en compte, sur
» le vu d'une expédition du présent Arrêté et de
» l'Ordonnance spéciale qui lui sera délivrée à
» cet effet.

» Le paiement de ladite somme ne pourra néan-
» moins être effectué qu'après l'approbation de
» S. Ex. le Ministre Secrétaire-d'État des Finances,

54

» à l'effet de quoi, expédition du présent Arrêté
» sera adressée à S. Exc. avec les pièces qui y sont
» énoncées.
» Fait à Paris, le 12 octobre 1826.

» *Signé* CHABROL. »

J'ai communiqué cet Arrêté à la Chambre des Députés, à qui j'ai rendu compte de tous ces faits, par une Pétition du 28 février 1828, où je lui ai exposé combien la justice, la décence, la vérité et le respect dû au Roi, avaient été violés devant elle, par le Comte de Villèle, dans une séance précédente. Après le rapport lumineux qui a été fait de cette pétition à la Chambre, dans sa séance du 19 juillet suivant, le Ministre des Finances, alors le Comte Roy est monté à la Tribune, pour annoncer

« Que le Roi avait ordonné qu'il fût nommé une
» Commission pour examiner la validité des titres
» de ceux qui se prétendaient ses créanciers. »

En effet, une Ordonnance du Roi, du 2 août 1828, insérée au *Moniteur* du 13, a institué cette Commission :

« *Pour la reconnaissance et la fixation,* 1°. des
» dettes contractées pendant l'émigration par S. M.
» et les Princes de sa Famille, soit en Pays-Étran-
» ger, soit en France, et qui n'auraient pas encore
» été remboursées, etc., etc. »

Il est à propos de faire connaître les éminens personnages qui ont composé cette Commission solennelle, annoncée du haut de la Tribune Nationale, par le Ministre des Finances, à la France et à l'Europe, et chargée, par Ordonnance royale, « *de reconnaître et de fixer les* » *dettes de Sa Majesté.* »

M. le Comte Daru, *Pair de France*, *Président.*
M. le Comte d'Argout, *Pair de France.*
M. le Baron Hély-d'Oissel, } *Députés et Conseillers*
M. le Chevalier Allent, } *d'État.*

M. le Baron de Fréville, } *Conseillers d'État.*
M. Mallard, }

M. le Baron Zangiacomi, *Conseiller de la Cour de Cassation.*

M. de Cordelles, }
M. Taboureau, } *Conseillers de la Cour*
M. de Laborde, } *des Comptes.*

Cette haute Commission a *reconnu et fixé ma créance,* dans les termes suivans : car, instituée « *pour la reconnaître et la fixer,* » aux termes de l'ordonnance, elle l'a donc *reconnue et fixée !*

COMTE DE PFAFFENHOFFEN.

« La Commission instituée par Ordonnance » Royale du 2 août 1828 ;

» Vu les diverses réclamations de M. le Comte
» *de Pfaffenhoffen*, tendantes au paiement :

» 1º. De 446,217 fr. 92 c., dont il a été reconnu
» créancier par un Arrêté de M. le Préfet de la
» Seine, en date du 12 octobre 1826;

» 2º. Des intérêts de ce capital, à raison de 6
» pour cent, par an, jusqu'au jour du rembourse-
» ment;

» 3º. Des frais judiciaires qu'il a supportés, tant
» à Vienne qu'à Paris;

» 4º. De 250,000 francs à titre d'indemnité de
» dix voyages qu'il annonce avoir faits de Vienne à
» Paris, pour suivre ses réclamations;

» 5º. Enfin d'un dédommagement convenable
» pour la vente qu'il annonce avoir été faite, à vil
» prix, de ses biens meubles et immeubles, à la
» requête des héritiers Colson, poursuivant le paie-
» ment d'une créance sur les Princes Français;

» Vu la sentence du 19 juin 1818, par laquelle
» le Tribunal des Nobles de la Basse-Autriche con-
» damne le Comte DE PFAFFENHOFFEN à payer aux
» héritiers Colson, le montant en capital et intérêts
» d'une Obligation de 160,000 fr. souscrite à Liége,
» le 20 septembre 1792, par ledit Comte DE PFAF-
» FENHOFFEN, au nom des Princes, et au profit du
» Mayeur Colson, pour le service de l'Armée
» Royale; ladite Obligation stipulant l'intérêt à
» demi pour cent par mois;

» Vu, à la suite de l'original de cette Obligation,
» la quittance donnée au Comte DE PFAFFENHOFFEN,
» par les héritiers Colson;

» 1°. Du capital de . . . . ? 160,000 f.

» 2°. Des intérêts échus au 4 sep-
» tembre 1818, date du paiement, et
» s'élevant, à raison de 6 pour cent
» par année, à 249,093

Total. . . . . 409,093 l.

» Vu l'Arrêté de M. le Préfet de la Seine du 12
» octobre 1826, et la lettre de M. le Ministre des
» Finances, en date du 18 du même mois ;

» Vu l'Ordonnance du Roi du 27 janvier 1815,
» dont l'article 8 prescrit de ne point liquider d'in-
» térêts au-dessus du taux légal ;

» Considérant qu'on ne peut opposer au Comte
» DE PFAFFLNHOFFEN la décision du 2 mars 1816,
» prise par la Commission créée en vertu de la loi
» du 21 décembre 1814, et portant rejet des de-
» mandes par lui formées à cette époque, puisque
» ce rejet a eu lieu pour défaut de pièces justifica-
» tives, qui n'ont pu être produites que lorsque les
» créanciers primitifs intégralement remboursés, en
» ont fait la remise au réclamant ;

» Considérant que l'Arrêté de M. le Préfet de la
» Seine est intervenu sur une demande en paie-
» ment dirigée par le Comte DE PFAFFENHOFFEN
» contre le Trésor public ; que cet Arrêté a été
» annulé par M. le Ministre des Finances, ainsi
» que cela résulte de sa lettre ci-dessus visée ;

» Considérant qu'il résulte des faits de la cause,
» que M. le Comte DE PFAFFLNHOFFEN, agissant
» comme fondé de pouvoirs des Princes, s'est en-
» gagé en leur nom, envers le Mayeur Colson, et

» que les Princes n'ont point désavoué cet engage-
» ment *pris dans leur intérét ;*

» Considérant qu'il résulte du Jugement et de la
» Quittance ci dessus visés, que le Comte DE PFAF-
» FENHOFFEN, par l'effet du remboursement de la
» créance des héritiers Colson, a été subrogé aux
» droits de ces derniers, et est devenu le Créancier
» direct des Princes ;

» Considérant, en ce qui touche les intérêts, qu'il
» y a lieu de les allouer pour la totalité des sommes
» payées aux héritiers Colson, à compter du paie-
» ment effectué le 4 de septembre 1818, mais seu-
» lement au taux légal de 5 pour cent ;

» Considérant, sur les frais judiciaires réclamés,
» qu'il n'en est point, *quant à présent*, régulière-
» ment justifié ;

» Considérant enfin, à l'égard des frais de voyage
» et d'un dédommagement pour la vente des biens
» du réclamant, qu'il n'est produit aucune pièce
» justificative ; que d'ailleurs ces répétitions ne sau-
» raient constituer une créance de la nature de celle
» que la Commission est appelée à apprécier ;

» Est d'avis que la créance du Comte DE PFAF-
» FENHOFFEN doit être établie et fixée, ainsi qu'il
» suit :

» — Total, au 31 décembre 1828, 449,836 fr. 84 c.

» Fait en Commission, le 6 décembre 1828.

» *Signé* DARU, Baron HÉLY-D'OISSEL,
» CORDELLE, le Baron DE FRÉVILLE,
» Comte D'ARGOUT.
» Et BROUSSE, Secrétaire. »

Après une liquidation ainsi *établie et fixée* par une Commission solennellement instituée par Ordonnance royale, « *pour la reconnaissance et la* » *fixation des dettes de S. M.,* » peut-on, sans impudeur, dire et soutenir que le Roi n'a pas reconnu sa dette, par la Commission que son Ordonnance a spécialement chargée *de la reconnaître et fixer?*

Mais voyons si le Roi ne l'a pas encore reconnue autrement, soit par lui-même, soit par l'Intendant Général de sa Maison, et par ses ordres.

Pendant que la Commission était occupée de son travail, qui, même après qu'il fut fini, m'est resté inconnu, poursuivi par mes propres créanciers, une partie de mes biens avait été mise en vente judiciaire, et d'autres se trouvaient sous séquestre, menacés d'une vente imminente. Plusieurs fois je priai l'Intendant Général, Baron de la Bouillerie, de se faire autoriser à venir à mon secours. Voici quelques-unes des réponses de ce Ministre du Roi, qui se trouvent, à-la-fois, des reconnaissances de ma créance, et des preuves du désir personnel de Sa Majesté de l'acquitter.

Le 29 septembre 1828, M. le Baron de la Bouillerie m'écrivait :

« J'ai soumis, Monsieur le Comte, comme vous

» m'en avez exprimé le désir, la demande que vous
» faites au Roi, d'un secours de 15o ou de 100,000 fr.
» *à-compte de votre créance ;* et de plus celle du
» doublement de votre pension de 12,000 francs ;
» *c'est avec regret,* que je suis obligé de vous an-
» noncer que la position du Trésor de la Liste Civile
» n'a pas permis à Sa Majesté de vous accorder,
» *ainsi qu'Elle l'aurait désiré,* l'objet de votre
» demande,

» Veuillez agréer, etc.

» *Signé* Baron DE LA BOUILLERIE. »

Est-ce parce qu'il ne m'est rien dû, ou parce
qu'on ne reconnaît pas ma créance, que ma demande d'un *à-compte* m'est refusée ? Que l'on
pèse bien les expressions . « *C'est avec regret*
» que le Ministre, après avoir mis ma demande
» sous les yeux du Roi, se trouve obligé de
» m'annoncer que la position du Trésor de la
» Liste Civile n'a pas permis à S. M. de m'accor-
» der l'objet de ma demande, *ainsi qu'elle l'au-
» rait désiré...*» Et aujourd'hui, on ose faire nier
par S. M. cette même dette, sur laquelle Elle-
même désirait alors de me faire donner un
à-compte !

Ne pouvant croire à une position si fâcheuse
d'une liste civile de 4o millions; pressé par mes
besoins, et certain désormais des bonnes dispositions de mon Royal Débiteur, j'insistai auprès

de l'Intendant Général, qui m'écrivit, le 27 octobre, la lettre suivante :

« J'ai reçu et lu avec beaucoup d'intérêt les
» diverses lettres que vous m'avez fait l'hon-
» neur de m'écrire, pour me faire part de la posi-
» tion fâcheuse dans laquelle vous vous trouvez
» *par suite du retard qu'a éprouvé la liquidation*
» *de votre créance ;* personne plus que moi, vous
» le savez, Monsieur le Comte, n'est entré dans
» cette position et n'a cherché à la faire cesser. Les
» résultats de mes démarches , à cet égard , ont été
» la nomination d'une Commission qui s'occupe
» avec tout le zèle et l'activité possibles *de liquider*
» *définitivement ces créances ;* mais je ne puis rien
» au-delà, le Roi, dans la situation de sa Liste
» Civile, étant dans l'impossibilité de payer, même
» à titre d'avances, les créanciers réclamans.

» Recevez donc tous mes regrets de ne pouvoir
» venir à votre secours, en répondant , *comme je*
» *l'aurais désiré,* à vos vives sollicitations, etc.

» *Signé* Baron DE LA BOUILLERIE. »

Je prie d'observer que cette lettre suppose toujours la reconnaissance de la dette, sur laquelle elle exprime un touchant intérêt de la position où m'a jeté *le retard de la liquidation définitive dont s'occupe la Commission.* Si la liquidation est définitive, elle sera donc une reconnaissance définitive, pour et au nom du Roi.

On a vu qu'elle m'a liquidé, et on nie la liquidation ainsi que la reconnaissance!

Cependant la vente de ma ferme patrimoniale devenant de plus en plus imminente, je redoublai mes instances auprès de l'Intendant-Général pour obtenir un misérable à-compte de 5o à 6o,ooo fr., avec lesquels ma ferme eût été sauvée. Il me répondit, le 24 février 1829, la lettre suivante :

« Vous demandez, Monsieur le Comte, par la
» lettre que vous m'avez fait l'honneur de m'écrire
» le 14 de ce mois, qu'une avance de 5o à 6o,ooo fr.
» vous soit accordée sur les fonds de la Liste Civile,
» afin d'arrêter les poursuites que l'un de vos
» créanciers dirige en ce moment contre vous.

» Tout en appréciant, *comme je le dois*, le mé-
» rite de votre dévoûmént à la cause royale, il
» m'est cependant impossible de disposer, en votre
» faveur, de la somme que vous désirez obtenir à
» titre d'avance. *Je regrette vivement, Monsieur*
» *le Comte*, que LES RESSOURCES LIMITÉES *de la*
» *Liste Civile ne permettent pas de faire le* DER-
» NIER EFFORT *que vous réclamez d'Elle!* Vous
» savez qu'une Commission est *chargée de statuer*
» sur votre demande en remboursement d'une
» ancienne créance, et sur toutes les réclamations
» de la même nature. Il faut que vous preniez la
» peine d'attendre l'achèvement de son travail, et
» la mesure générale qui pourra en être la suite ; etc.

» *Signé* Baron DE LA BOUILLERIE. »

N'est-on pas confondu d'apprendre que les *ressources* d'une liste civile de 40 millions *sont trop limitées*, pour lui permettre *l'effort* d'en distraire une modique parcelle de 5o,ooo fr., non seulement pour empêcher la ruine du créancier de la dette la plus sacrée qui fût jamais, mais encore pour obéir aux dispositions du feu Roi ? Toute cette lettre, du reste, n'est-elle pas une reconnaissance implicite de ma créance, autant qu'explicite de mon dévoûment, de mes services et de mes sacrifices pour le service du Roi et pour sa cause ? Les termes en sont formels; ils le sont de même sur la nature des pouvoirs de la Commission *chargée de statuer* sur ma demande : et qui, à l'époque de cette lettre, du 24 février 1829, avait déjà *statué* depuis cinquante jours; m'avait déclaré créancier, et avait *reconnu et fixé ma créance*, par sa liquidation du 6 décembre 1828.

Et cependant on s'obstine à soutenir qu'elle n'a jamais été reconnue ! Quelle effronterie !

La perte de ma ferme me tenait trop à cœur pour ne pas essayer un dernier effort. Je crus devoir employer, auprès de mon Royal Débiteur, l'appui de Madame la Dauphine, qui me fit annoncer, par le Secrétaire de ses Commandemens, qu'elle avait parlé au Roi, qui l'avait autorisée à renvoyer le mémoire à l'Intendant-Général de sa maison, pour y avoir égard. En effet, le Baron de la Bouillerie m'écrivit, le 7 février, la lettre suivante :

« Vous avez adressé, M. le Comte, un Placet à
» S. A. R. Madame la Dauphine, dans le but d'ob-
» tenir une avance de 60,000 fr., qui vous est né-
» cessaire pour arrêter les poursuites dont vous
» êtes l'objet de la part de vos créanciers. Ce Pla-
» cet m'a été renvoyé, et j'ai eu l'honneur de le
» mettre sous les yeux du Roi.

» Il m'est extrêmement pénible d'avoir à vous
» annoncer, comme je l'ai déjà fait, par ma lettre
» du 24 janvier dernier, que le Trésor de la Liste
» Civile se trouve dans l'impossibilité la plus abso-
» lue de faire en ce moment aucune espèce d'avance.

» Tout en rendant une justice entière à votre
» dévoûment au Roi et à la Famille Royale, je vous
» prierai cependant de considérer que vous avez
» touché trois différens secours de 50,000 fr. cha-
» cun, pendant les années 1821, 1822 et 1824, et
» que vous jouissez, depuis 1820, d'une pension
» annuelle de 12,000 fr. De tels avantages, vous le
» savez, n'ont été accordés à aucun des créanciers,
» quelque sacrés que fussent leurs titres, quelque
» pénible qu'ait été et que soit encore leur posi-
» tion, etc.

» *Signé* BARON DE LA BOUILLERIE. »

Cette lettre invite aux mêmes observations que la précédente. Elle reconnaît mon dévoû-ment, et mes services, et ma créance ; elle semble attribuer à la Liste Civile de Charles X, qui ne m'a pas accordé un seul centime sur sa dette, les trois à-comptes que Louis XVIII m'a fait payer, et qui devaient m'être répétés annuellement, « *que Dieu lui prête vie, ou non,* » ce sont ses propres expressions, que CHARLES X m'avait assuré de faire religieusement exécuter ; et, dès le lendemain de cette dernière lettre du Baron de la Bouillerie, j'écrivis au Roi une lettre que je crois devoir faire connaître. On y trouvera quelques traits historiques, peut-être aussi quelques accens prophétiques !

Paris, le 8 février 1829.

AU ROI.

SIRE !

« Qui va répondre à Dieu, parle aux hommes sans crainte,
» Et dit aux Rois la vérité sans feinte. »

OUI, SIRE, quand la mort est préférable à la pénible existence où ma vieillesse est réduite, *depuis le règne de* VOTRE MAJESTÉ, je viens encore, au moment où la vente de mes biens est affichée, je viens recourir, une dernière fois, aux bontés comme à la justice du Roi Très-Chrétien, et lui rappeler ce que je dois croire être échappé à ses souvenirs, la nature de sa dette envers moi, que mon profond respect pour mes Augustes Débiteurs m'a fait taire jusqu'aujourd'hui à d'autres qu'à LL. MM.

Je l'ai tue surtout à ces hommes éphémères des Couseils du Roi, en qui mon dévoûment à LL. MM. m'a fait voir des ennemis plutôt que des confidens, à qui des secrets de l'émigration puissent être dévoilés.

Louis XVIII « *m'a su gré de ma discrétion sur une* » *affaire qui devait rester secrète :* » ce sont ses expressions. J'ignore ce que les membres de la Commission qu'il a plu à Votre Majesté de charger *de reconnaître et fixer ses dettes*, auront découvert de c s secrets ; ils sont restés inabordables : je ne les ai point approchés. Mais quand je me sens incapable de survivre à la honte de la vente publique de mon patrimoine et à la ruine de ma famille, le devoir de l'homme qui se respecte et du chrétien de pourvoir à la conservation de son honneur et de sa famille, m'impose celui d'appeler humblement Votre Majesté à mon secours, en la suppliant de se rappeler l'origine de sa dette envers moi, et de considérer si la mort, que j'invoque pour terme de mes souffrances, doit être « *la récompense qu'Elle a promise à mes bonnes et honorables actions ?* »

Je me borne à une seule, Sire, à celle qui m'a rendu caution des Princes L. S. X. et Ch.-Ph., et qui m'a fait vendre mes rentes, *au cours de* 73, pour payer leur dette !

Quand, *seul*, résistant aux Puissances qui, avant de se résoudre à vous seconder, repoussaient des Pays-Bas les compagnies des Emigrés qui n'avaient pas où se rassembler, je leur ai procuré, dans le pays de Liége, des quartiers où elles ont pu se former, ce fut chez moi, par mon entremise et sur mon crédit, que la plupart des marchés des fournitures du matériel de l'armée de Bourbon, ont été conclus, payables, partie en bons sur le Trésor des Princes, partie en assignations à différens termes.

I e Conseil de Leurs Altesses Royales, à Coblentz, avait cependant établi des fabriques d'assignats destinés à être introduits dans la France, pour y opérer la dépréciation de cette monnaie.

Dans sa disette d'espèces réelles, le Trésor des Princes se permit de payer, *avec ces faux-assignats*, les fournisseurs de leur armée, qui les reçurent comme vrais assignats, *de confiance et sur ma foi*. Mais, envoyés en France, pour y être réalisés, et y ayant été reconnus et déclarés faux et de fausse fabrique, ils excitèrent dans le Pays de Liége, des alarmes, des cris, des émeutes qui se dirigèrent principalement sur moi, à de tels excès, qu'à l'arrivée du Comte de Selincourt, de la part de Monseigneur, Duc de Bourbon, je ne pus les apaiser qu'en me rendant caution solidaire de Leurs Altesses Royales, par acte homologué le jour même de sa date, par Ordonnance du juge suprême du Pays de Liége, qui accorda main-levée des saisies judiciaires qui avaient arrêté un convoi d'une partie du matériel de l'armée, dans sa marche sur Thionville.

L'honneur des Princes fut dès-lors a couvert !

Mais après la retraite de Champagne, que serait-il arrivé à Leurs Altesses Royales, si mon cautionnement de cette dette *pudibonde* n'avait pas précédé leur arrivée en désordre dans ce même Pays de Liége, où leurs fournisseurs, dans l'exaspération d'avoir été trompés, les eussent assaillis de leurs plaintes, et attaqués en justice, contre ces monceaux de fausse monnaie ?

Dénués de leur fidèle Noblesse, après cette fatale déroute et son licenciement; simples individus chez l'Étranger; désormais à la merci des lois des pays qu'Ils allaient avoir à parcourir, avant de trouver un asile, les Princes,

Votre Majesté s'en souviendra, arrêtés à Aix la-Chapelle, n'ont pu continuer leur route, qu'après avoir été dégagés par la présence fortuite du Comte de Romanzow, qui, *suivant mon exemple*, se porta leur caution devant le Magistrat.

Eh! combien pire, sans mon cautionnement préalable, combien pire eût été la position des Princes, à leur entrée à Liége? Poursuivis par l'armée républicaine, ils s'y seraient trouvés en butte aux invectives, aux outrages, et sous l'arrêt de leurs créanciers! Je frémis encore de penser quelle eût été, sans moi, dans cette cruelle conjoncture, la position des Augustes Princes que mon cautionnement a sauvés de tant de périls et de tant d'avanies!

Et maintenant, quand, après vingt-six ans, j'ai été condamné à payer cette dette sacrée de Leurs Altesses Royales; quand, depuis près de onze ans, je suis privé de 28,000 fr. de mes rentes, *vendues au cours de 73,* pour satisfaire au jugement qui m'y a condamné; quand Louis XVIII s'est obligé à me rembourser par des à-comptes annuels de 50,000 fr., et de doubler la pension qu'il ma faite; quand, de sa bouche auguste, Sa Majesté a reconnu « *qu'Elle n'en serait pas moins en reste avec* » *moi, parce qu'il est des dettes telles que les rois même* » *ne peuvent pas les payer;* » quand Charles X. règne enfin, les récompenses qu'il m'a promises seraient elles l'entier oubli des engagemens de Louis XVIII, la vente, à vil prix et à l'encan, de mes propriétés foncières, la ruine de ma famille, la honte et le désespoir de ma vieillesse?

Eh! qui sait de quels nuages l'avenir peut se noircir? après l'exemple du fatal retour de l'île d'Elbe, quand l'Europe était encore là , tout armée, pour protéger le Trône qu'elle venait de rétablir ! Qui sait si d'autres événemens non moins désastreux pour votre couronne, ne viendront pas tomber encore sur la France, quand l'Europe est dispersée ! Et alors, quelles ressources espérer du dévoûment et de la fidelité, quand le dévoûment et la fidélité auront été si mal récompensés ? quand les Ministres du Roi auront rejeté , pendant quinze ans , les dettes de l'hospitalité ? quand mes malheurs, trop publics, m'auront rendu, plus que tout autre, un exemple de leur ingratitude........ et de leur imprévoyance...... Mais je m'arrête : je repousse ces tristes pronostics, pour répéter, du fond du cœur, ce cri que mes lèvres mourantes répéteront à mon dernier moment : Vive le Roi !

Sire, je ne réclame pas le paiement immédiat de la dette entière de Votre Majesté, pour laquelle j'attendrai la mesure générale que, d'après l'achèvement du travail de votre Commission, votre Ministre m'a annoncé devoir être prise dans le Conseil de Votre Majesté, *pour le paiement des dettes qui auront été reconnues et fixées.*

Je ne demande pas l'entier arriéré des à-comptes annuels que Louis XVIII m'avait promis, pour vous et pour lui.

Mais pour l'honneur même de mon Auguste Débiteur, autant que pour le mien, je ne puis laisser vendre mon patrimoine à l'encan, et laisser ma famille sans pain ! Et je me borne à demander seulement un à-compte suffisant pour arrêter cette vente de mes biens, qui , à la requête d'un créancier impitoyable, que je puis satisfaire avec moins de 100,000 fr., sont affichés pour le 20 de ce mois, et jours suivans.

Je réclame humblement ce modique secours, que je ne puis demander, que je ne puis attendre que de mon Auguste Débiteur.

Je suis à ses pieds, avec le plus profond respect,

De Votre Majesté,

Sire,

Le très humble, très soumis et très obéissant serviteur,

Le Comte DE PFAFFENHOFFEN.

Le Roi me fit annoncer, par son premier Gentilhomme de la Chambre, qu'il avait renvoyé ma lettre au Baron de la Bouillerie, *avec ordre d'aviser aux moyens de venir à mon secours;* et celui-ci m'écrivit, le 14 février, pour m'inviter à me rendre auprès de lui. Je m'y rendis, et ce fut pour entendre ces paroles remarquables de la bouche d'un homme honoré de la confiance de mon Royal Débiteur, pour l'emploi d'une Liste Civile de 40 millions!!

« Le Roi voudrait pouvoir venir à votre secours; » mais je vous ai dit souvent combien sa Liste Ci- » vile est hors d'état de le faire. Cependant, *si vous* » *voulez lui faire remise de votre pension, le Roi* » *m'a permis de vous en faire payer cinq années!* »

Étonné, atterré de cette étrange proposition, je ne pus y répondre que par ce peu de mots :

« Ah ! Monsieur, quel mal vous me faites ! J'ai

» trop de respect pour le Roi, pour croire qu'il sache
» la proposition que je viens d'entendre de votre
» bouche ! »

Je sortis, sans attendre de réponse : et je crus devoir en informer le Roi, lui dire que mon respect pour S. M. me défendait de répudier ainsi un bienfait de Louis XVIII : mais que j'accepterais les 60,000 fr., comme dédommagement des pertes pécuniaires que j'avais éprouvées dans ma dernière prison ; *je n'obtins pas de réponse...*, et ma ferme patrimoniale fut vendue au plus vil prix !! Je venais de la rebâtir à neuf ; elle me rapportait 3,000 florins ; elle fut vendue 22,500!! !

Au mois de septembre suivant, sollicitant sans cesse le résultat du travail de la Commission qui, depuis le 6 décembre précédent, avait *statué* sur ma créance, qui *l'avait liquidée définitivement, qui l'avait reconnue et fixée*, travail auquel on a vu M. de la Bouillerie me référer si souvent, sans vouloir m'en dire le résultat, il m'écrivit, le 18 :

« ..... Je bornerai cette réponse à la lettre où
» vous m'engagez à faire connaître aux créanciers
» les mesures que j'ai annoncé devoir être prises
» pour leur paiement, *après l'achèvement du tra-*
» *vail de la Commission, déjà terminé depuis six*
» *mois.*

» Le travail étant terminé par la Commission, il

» a été adressé à M. le Ministre des Finances,
» *chargé* d'y donner la suite nécessaire.

» Le Ministre-d'État, Pair de France,
» Intendant Général de la Maison du Roi,

» Baron DE LA BOUILLERIE. »

Je prie qu'on observe ces mots : « Le Ministre
» des Finances est *chargé* de donner la suite
» nécessaire au travail de la Commission, *char-*
» *gée* elle-même, par l'Ordonnance Royale du
» 2 août 1828, *de reconnaître et fixer les dettes*
» *du Roi !* »

Or, quel autre que le Roi a pu *charger* son
Ministre des Finances de donner au travail de sa
Commission la suite nécessaire ? Mais le Roi a-t-il
pu *charger* son Ministre de donner à ce travail
la suite nécessaire, sans avoir approuvé ce travail ?

Quelle absurdité ! Et on n'a pas honte de faire
dire au Roi lui-même, qu'il ne l'a pas approuvé !

Le Comte de Chabrol-Crousol qui, vers cette
époque, devint Ministre des Finances, me dit
que le Conseil n'avait encore pris aucune déter-
mination à l'égard des dettes du Roi, reconnues
par la Commission ; et il m'ajouta :

« Qu'il était dur, très dur, sans doute, d'aug-
» menter tous mes sacrifices par celui de ma pension ;
» mais que dans mes détresses, et pour en éviter

» de plus pénibles, il m'invitait à faire la remise
» de ma pension, *parce qu'il y aurait moyen de la*
» *faire rétablir.* »

Sur l'invitation d'un homme aussi honorable, et pour sauver le seul bien qui me restait, d'une vente plus ruineuse encore que n'avait été celle de ma ferme, je me suis résolu à faire l'abandon de ma pension, au prix des cinq années que M. de la Bouillerie m'avait offert, le 14 février précédent : je l'en informai, et je me rendis à cet effet chez lui, le 9 novembre 1829. Il me dit........ (ma main tremble à le répéter !) il me dit :

« Vous consentez donc à faire la remise de votre
» pension. J'ai pris les ordres du Roi, qui m'a
» permis de réaliser la proposition que je vous
« ai faite, le 14 février, pour le rachat de votre
» pension. *Mais je ne suis pas un enfant :* je dé-
» falquerai des cinq années que je vous ai offertes,
» les trois trimestres que vous avez reçus depuis. »

Je devins stupéfait, incapable de répondre, et ma bouche put à peine prononcer cette exclamation : « *Ah! malheureux!* » et je sortis avec un geste expressif d'indignation !.... Je n'ai plus revu le personnage qui avait osé insulter à ce point mon Royal Débiteur et son malheureux créancier : et j'ai pu, et je puis, sans doute, appliquer au Baron de la Bouillerie autant qu'au Comte de Villèle, cet apophtègme du feu Doyen de la Chambre des Députés :

> « N'est-ce pas avoir trahi son Roi que de l'avoir
> » montré si long-temps ingrat envers ceux qui,
> » dans ses revers, lui ont sacrifié leur fortune et
> » leur vie? »

Et si mes sacrifices n'ont pas été jusqu'à celui de ma vie ; après être échappé des prisons de l'Abbaye, de Sainte-Pélagie et de Vincennes, ne m'est-il pas permis de demander, s'il s'en est fallu de beaucoup ?

Dans mon désespoir, le 2 mars 1830, je présentai aux deux Chambres législatives, une Pétition, qui fut rapportée à celle des Pairs, le 1er. septembre suivant, et à celle des Députés, le 11 du même mois:

M. le comte d'Argout, dans son rapport à la Chambre des Pairs, a établi :

> « Qu'il est une règle du droit commun, que l'État
> » ne peut être tenu de payer les dettes du Prince
> » qui monte sur le trône ; que jusqu'à concurrence
> » de ce qu'il a reçu de ce même Prince.. »

M. de Vatimesnil, dans son rapport à la Chambre des Députés, a établi :

> « Que l'obligation de l'État d'acquitter les dettes

» contractées par le Roi, avant son avènement au
» trône, n'était pas indéfinie, et qu'elle ne s'éten-
» dait pas au-delà de ce dont l'État avait profité. »

Et les deux Chambres ont reconnu ces principes que le Conseil d'État professe, en toute
circonstance, et qu'il a notamment consacrés,
quand, interrogé sur ce point de droit par les
trois Ministres de la Maison du Roi, des Finances
et de la Justice, il a répondu, le 14 septembre
1818 :

« Que l'État ne peut être tenu au paiement des
dettes du Roi, qu'en proportion de la valeur des
biens dont la réunion s'est opérée par son avènement. »

Cependant, en recourant aux Chambres législatives, pour essayer, par ce dernier effort,
d'obtenir justice par les voies administratives,
je m'étais aussi résolu d'y employer les moyens
judiciaires ; et après avoir présenté requête au
Président du Tribunal de première instance, le
6 juillet, j'ai fait donner assignation à mon Royal
Débiteur, dans les formes de la loi et du respect,
par exploit du 23 juillet 1830. L'époque est re-
marquable. Le Roi jouissait de la plénitude de sa
puissance. Le lendemain 24, le Ministre des Finances, Baron de Montbel, m'a fait inviter à
retirer mes assignations, en me proposant, pour

le Roi, de remplir les engagemens pris par Louis XVIII; j'y ai consenti : sur quoi il a été convenu que cet arrangement serait conclu dans la semaine suivante. Mais, le lendemain 25 juillet, le Roi a rendu les fameuses Ordonnances qui ont opéré son changement d'État; par où j'ai été amené à une reprise d'instance, par exploit du 4 mai 1831.

Si mon Royal Débiteur a cru être déchargé de sa dette, par son avènement au Trône, et que l'État était indéfiniment devenu débiteur, à sa place, d'une dette contractée envers un Étranger, chez l'Étranger, et hors des atteintes et de l'influence des lois françaises, c'était à lui à profiter des six années de son règne, pour annoncer sa dette à qui de droit, et la faire payer par l'État, dont il était le Chef suprême, ayant seul l'initiative des propositions de loi.

S'il croit encore, dans son changement d'État, que l'État est toujours débiteur de sa dette, c'est à lui à appeler l'État en garantie dans mon action contre lui ; car, mon débiteur originaire, il n'a pas cessé de l'être, quand même ce serait à l'État à payer pour lui. Le Code civil y est exprès, lorsqu'il dispose, article 1271 :

> « La novation s'opère : 2°. lorsqu'un Débiteur
> » est substitué à l'ancien, *qui est déchargé par le*
> » *créancier.* »

Or, je n'ai jamais déchargé mon Royal Débiteur d'une dette, dont je n'ai jamais cessé de lui demander le paiement ; il n'y a donc pas de novation ; le Roi est resté mon débiteur.

Sur ma reprise d'instance, est intervenu, *par défaut*, le 22 juillet 1831, un jugement du Tribunal de Première Instance, auquel le Royal Adversaire a formé, le 6 décembre, une opposition sur laquelle l'instance s'est engagée ; et le 9 mars 1832, après les plaidoiries respectives des parties et du Ministère public, pendant cinq audiences, le Tribunal a rendu la Sentence suivante :

LOUIS-PHILIPPE, Roi des Français,

A tous présens et à venir, Salut.

Le Tribunal Civil de première Instance du département de la Seine, séant au Palais de Justice à Paris, a rendu, en l'audience publique tenante de la première Chambre dudit, le Jugement dont la teneur suit :

Audience du Vendredi 9 mars 1832.

Entre le sieur François-Simon, Comte de Pfaff de Pfaffenhoffen, etc., etc., etc.,

Comparant par M^e. Parquin, avocat, assisté de M^e. Fouret, son avoué, d'une part ;

Et Charles Philippe de France, Comte de Ponthieu, ci devant Comte d'Artois, en dernier lieu, Roi de France, sous le nom de Charles X, etc., etc., etc.,

Comparant par Mᵉ. Berryer, avocat, assisté de Mᵉ. Didier, son avoué, d'autre part;

Sans que les présentes qualités puissent, en aucune manière, nuire ni préjudicier aux droits et intéréts respectifs des parties.

Point de Fait : etc., etc., etc.

Point de Droit : etc., etc., etc.

Le Tribunal, après avoir entendu en leurs conclusions et plaidoiries respectives, Parquin, avocat, assisté de Fouret, avoué du Comte de Pfaff de Pfaffenhoffen; et Berryer fils, avocat de Charles X; ensemble **M**. Didelot, Substitut de **M**. le Procureur du Roi, en ses conclusions, et après en avoir délibéré, conformément à la loi,

Jugeant en premier ressort :

Reçoit Charles X opposant à l'exécution du jugement rendu contre lui, par défaut, le 22 juillet 1831.

Statuant sur son opposition :

En ce qui touche l'existence de la créance réclamée par le Comte de Pfaffenhoffen;

Attendu qu'il est établi par les documens de la cause,

1°. Que les Princes Louis-Stanislas-Xavier, Comte de Provence, et Charles-Philippe, Comte d'Artois, qui étaient alors à Coblentz, donnèrent au Comte de Pfaffenhoffen, le 20 avril, 1792, leurs pouvoirs, à l'effet d'obtenir du Prince Evêque de Liége, dans les terres de sa domination, des quartiers pour les gentils-hommes français émigrés qui formaient l'armée du Prince de Condé;

2°. Que les compagnies d'émigrés étant entrées dans le pays de Liége, les banquiers, qui leur firent des fournitures, furent payés en faux assignats, et s'en plaignirent avec amertume ; que le Prince de Condé, qui se trouvait à Marche, en fut informé ; qu'il écrivit au Comte de Pfaffenhoffen, le 16 septembre 1792, pour lui recommander de gagner du temps ; mais que les banquiers firent saisir et arrêter, d'autorité de justice, les bagages de l'armée des émigrés, et que le Comte de Pfaffenhoffen, pour obtenir la main-levée des saisies, et *pour sauver l'honneur compromis des Princes qu'il représentait*, contracta, le 20 du même mois de septembre, tant en leur nom qu'au sien, au profit du *mayeur* de Culson, chargé de satisfaire les fournisseurs, une obligation solidaire de 160,000 livres, payable, avec l'intérêt à demi pour cent par mois, après la rentrée des Princes en France ;

Que cette Obligation fut homologuée, le même jour, par le juge de Liége, qui, en même temps, donna main-levée des saisies-arrêts pratiquées sur les bagages ;

3°. Que, par suite de cet engagement, une Sentence du Tribunal des Nobles, en Basse-Autriche, rendue à Vienne, le 18 juin 1818, a condamné le Comte de Pfaffenhoffen à payer aux héritiers de Colson la somme de 160,000 livres, avec les intérêts à 6 pour cent par an, depuis le 20 septembre 1792, et que, le 4 septembre suivant, il a payé, entre les mains de leur avocat et mandataire, la somme de 409,093 livres tournois, montant du capital de la condamnation et des intérêts courus ;

Attendu, qu'à la vérité, le Comte de Provence et le Comte d'Artois, en chargeant le Comte de Pfaffenhoffen d'obtenir, pour les compagnies d'émigrés, des quartiers dans le pays de Liége, ne l'avaient expressément autorisé ni à contracter aucune obligation en leur nom, ni à s'obliger pour eux ; mais que ces Princes, après être

montés sur le trône, ont approuvé et ratifié la conduite
de leur mandataire, et ont reconnu son droit d'être
remboursé des sommes payées par lui aux héritiers du
Mayeur de Liége ;

Qu'en effet, le Comte de Pfaffenhoffen, ayant réclamé
le remboursement des sommes par lui payées, et des intérêts courus depuis le paiement, le Comte de Pradel,
Intendant-général de la maison du Roi, fit un rapport
par lequel, tout en considérant la créance comme devant
être mise à la charge de l'État, il en reconnut du moins
l'existence et la légitimité, et proposa d'accorder au réclamant une pension sur la liste civile, *en attendant que
justice entière pût lui être rendue;* que ce rapport, en
date du 13 mars 1819, fut approuvé par Louis XVIII,
et suivi de la délivrance, au Comte de Pfaffenhoffen,
d'un brevet de pension de 6,000 fr.

Que cette pension fut remplacée, à compter du
1er. avril 1821, par une autre pension de 12,000 fr., dont
le brevet, en date du 1er. juin, portait que le Comte de
Pfaffenhoffen en jouirait *jusqu'à la liquidation de la
créance réclamée par lui ;*

Qu'en outre, il lui a été payé par la liste civile, les
24 mai 1821, 7 février 1822 et 1er. avril 1824, en vertu
de trois ordonnances royales, trois sommes de 50,000 fr.
chacune, sur des ordonnances de paiement portant que
c'était *à titre de provision et par avance sur sa créance,
pour obligations contractées, en son nom, pour le service
des Princes, en 1792 ;*

Attendu que le droit du Comte de Pfaffenhoffen au
remboursement des sommes qu'il avait été contraint de
payer pour les Princes, a également été reconnu sous le
règne de Charles X et par ses agens ; qu'il l'a été notam-

ment, le 6 décembre 1828, par une délibération de la Commission instituée par Ordonnance royale du 2 août précédent, pour examiner les réclamations d'anciennes dettes sur les Princes ; que le droit, dont il s'agit, a été reconnu aussi par les paiemens qui ont été faits, jusqu'au milieu de l'année 1830, par l'Intendant de la Liste civile, des arrérages de la pension de 12,000 fr., sur le brevet portant que le Comte de Pfaffenhoffen jouirait de cette pension, *jusqu'à la liquidation de la créance qu'il réclamait ;*

Qu'ainsi, la qualité de créancier dans la personne du Comte de Pfaffenhoffen, pour raison de l'Obligation contractée à Liége, des condamnations prononcées à Vienne, et du paiement fait par lui aux héritiers de Colson, *ne peut plus être méconnue par Charles X ;*

En ce qui touche l'exception tirée de ce que les dettes de ce Prince, par son avènement à la Couronne, seraient tombées à la charge de l'État :

Attendu qu'aux termes de l'art. 6 de la loi du 22 novembre, 1er. décembre 1790, de l'art. 9, chap. 2, de la constitution du 3 septembre 1791, et de l'art. 20 de la loi du 8 novembre 1814, les biens du Prince qui parvenait au Trône, étaient réunis au domaine de l'État ;

Attendu que, par une conséquence nécessaire de cette dévolution des biens, les créanciers du Prince devenaient créanciers de l'État ; que l'État étant le représentant du Prince, quant aux biens et aux droits actifs, devait aussi, par une juste réciprocité, représenter le Prince quant aux dettes contractées par lui, avant son avènement à la Couronne ; qu'il n'en résultait aucun préjudice pour les créanciers ; que leurs droits, avant l'avènement, de se faire payer par le Prince, sur tous ses biens, pouvaient ensuite être exercés contre l'État, détenteur de ses biens et tenu au paiement des dettes jusqu'à concurrence de la valeur de tous ceux qu'il avait recueillis par suite de la dévolution ; qu'il y avait simple changement de débiteur, et nulle diminution dans les moyens de paiement ;

Mais attendu que le principe qui dégageait le Prince de ses dettes et les mettait à la charge de l'État, étant uniquement fondé sur la loi qui réunissait ses biens au domaine public, devait nécessairement être modifié et restreint dans son application, s'il arrivait que les biens du Prince ne fussent pas incorporés au domaine de l'État, et qu'il continuât d'en être possesseur et d'en jouir comme avant son avènement à la Couronne ; qu'on ne pouvait p'us, sans doute, le considérer comme obligé personnellement et indéfiniment au paiement de ses dettes, sur tous ses biens présens et à venir, ainsi qu'il l'était auparavant ; que, notamment, il n'était pas tenu de les payer sur la Liste civile, destinée à l'éclat du Trône ; mais qu'on ne pouvait pas le regarder non plus comme affranchi de toute action, de telle sorte qu'il ne pût être recherché par ses anciens créanciers, même sur les anciens biens conservés par lui ;

Qu'on ne saurait admettre, en effet, que les créanciers fussent placés dans cette position de n'avoir aucun recours utile contre l'État, qui, n'ayant rien recueilli, n'aurait rien à payer, et de ne pouvoir exercer aucune action sur les biens qui étaient leur gage et qui seraient restés en la possession de leur débiteur primitif ; qu'ils ne sauraient souffrir de ce que ces biens n'auraient pas été réunis de fait au domaine public ; que si l'État en eût pris possession, il aurait été tenu, jusqu'à concurrence de leur valeur, au paiement des dettes du Prince devenu

Roi; que le Prince, qui est resté détenteur, devait nécessairement être soumis à la même action;

Attendu, en fait, que le Comte d'Artois était propriétaire, dans les départemens de la Vienne, des Deux-Sèvres, du Cher, de la Somme, de la Haute-Marne, de la Marne, des Vosges et des Ardennes, de différentes forêts dont il fit donation en nu-propriété au Duc de Berri, son fils, par acte notarié, du 9 novembre 1819, enregistré au droit de 136,412 fr., sur une valeur déclarée de 3,410,257 fr.;

Attendu que l'État, lors de l'avènement du Comte d'Artois au Trône, n'a point pris possession de l'usufruit que ce Prince s'était réservé par la donation de la nu-propriété à son fils, et qui faisait conséquemment partie de ses biens; que Charles X a possédé cet usufruit après être parvenu à la Couronne, comme il le possédait auparavant; qu'il l'a possédé, non comme Roi, mais à titre privé; qu'il le possède encore depuis qu'il est tombé du Trône, puisque, suivant un acte notarié du 7 juillet 1831, souscrit par le sieur de Belleville, son mandataire spécial, il en a passé bail au sieur Merault, pour neuf années, moyennant un fermage annuel de 350,000 fr.;

Qu'en conséquence, cet usufruit est un bien sur lequel les anciens créanciers de Charles X peuvent poursuivre, contre lui, le paiement de leurs créances, et qu'il en serait de même de tous les autres biens ou valeurs qui, lui ayant appartenu avant son avènement à la Couronne, se trouveraient encore maintenant en sa possession.

En ce qui touche les saisies-arrêts formées par le Comte de Pfaffenhoffen :

Attendu que, d'après les motifs ci-dessus exprimés, il doit être donné main levée de celles de ces oppositions qui frapperaient sur d'autres valeurs ou objets que ceux qui, appartenant encore maintenant à Chàrles X, faisaient déjà partie de ses biens avant son avènement au Trône;

En ce qui touche la quotité de la créance réclamée :

Attendu qu'encore bien que le Comte de Pfaffenhoffen ait agi comme mandataire du Comte de Provence et du Comte d'Artois conjointement, lorsqu'il a contracté, en 1792, l'Obligation dont il a été contraint de faire le paiement en 1818, il n'en est pas moins fondé à réclamer de Charles X le remboursement de la totalité de sa créance, puisque, d'après les dispositions de l'article 2002 du Code civil, qui ne sont que la répétition des anciens principes en cette matière, si le mandataire a été constitué par plusieurs personnes pour une affaire commune, chacune d'elles est tenue solidairement envers lui de tous les effets du mandat;

Attendu que la créance du Comte de Pfaffenhoffen se compose de la somme de 404,042 fr. 46 cent. représentant celle de 409,093 livres tournois, qu'il a payée, le 4 septembre 1818, aux héritiers Colson;

Attendu que, d'après l'art. 2001 du Code civil, l'intérêt des avances faites par le mandataire lui est dû par le mandant à compter du jour des avances constatées ; qu'ainsi, le Comte de Pfaffenhoffen a droit à l'intérêt de la somme de 404,042 fr. 46 cent., pour tout le temps écoulé depuis le 4 septembre 1818, date du paiement qu'il en a fait aux héritiers de Colson, jusqu'au 4 mai 1831, jour de la demande en remboursement par lui formée en justice ; mais que cet intérêt, dû en vertu de la loi, ne peut être compté qu'au taux légal de cinq pour cent par an ;

Attendu que le Comte de Pfaffenhoffen a droit aussi aux intérêts, à compter du jour de sa demande, de toutes les sommes qui lui étaient alors dues, soit en capital, soit en intérêts ;

Attendu qu'il lui est en outre dû des dommages-intérêts à donner par état, aux termes de l'art. 2000 du Code déjà cité, qui veut que le mandataire soit indemnisé des pertes essuyées par lui à l'occasion de l'exécution de son mandat, sans imprudence de sa part ;

Attendu, d'un autre côté, que le Comte de Pfaffenhoffen doit imputer, d'abord sur les intérêts, puis sur le capital de sa créance, les trois sommes de 5o,ooo fr. reçues par lui de la Liste civile de Louis XVIII, à titre d'avance ou d'à-compte sur ladite créance, et que l'imputation de chacune de ces sommes doit être faite aux différentes dates auxquelles elles ont été payées ;

Attendu qu'il est juste d'imputer aussi de la même manière toutes les autres sommes par lui touchées à titre de pension de la Listé civile de Louis XVIII et de celle de Charles X ; que la pension de 6,ooo fr., et ensuite de 12,ooo fr., dont il a reçu les arrérages jusqu'au deuxième trimestre de 183o, lui fut accordée pour en jouir jusqu'à la liquidation de sa créance ; que cette stipulation des actes constitutifs de la pension, prouve que les arrérages en étaient payés, à titre de provision, sur les intérêts de la créance réclamée ; que les intérêts de la créance du Comte de Pfaffenhoffen lui étant maintenant alloués intégralement, il y aurait véritable double emploi à son profit, s'il conservait, sans imputation, les arrérages de sa pension.

Le Tribunal déboute Charles X de son opposition au jugement par défaut, du 22 juillet dernier.

Réduisant néanmoins les condamnations prononcées contre lui, par ledit jugement, les fixe, sauf les déductions ci-après, aux chefs suivans, savoir :

1°. Une somme de 404,042 fr. 46 cent., représentant celle de 409,093 livres-tournois, payée par le Comte de Pfaffénhoffen aux héritiers de Colson, le 4 septembre 1818;

2°. Les intérêts de ladite somme, à raison de cinq pour cent par an, depuis le 4 septembre 1818 jusqu'au 4 mai 1831, jour de la demande;

3°. Les intérêts de ces intérêts, et ceux de la somme principale, depuis le 4 mai 1831 jusqu'au jour où le Comte de Pfaffenhoffen sera payé;

4°. Les dommages-intérêts à donner par état.

Ordonne que, sur les intérêts du capital de 404,042 fr. 46 cent., et ensuite sur le capital-lui-même, il sera fait imputation:

1°. Des trois sommes de 50,000 fr. reçues par le Comte de Pfaffenhoffen, les 24 mai 1821, 7 février 1822 et 1er. avril 1824;

2°. Des arrérages de la pension de 6,000 fr., dont il a joui depuis le 13 mars 1819 jusqu'au 1er. avril 1821, et de ceux de la pension de 12,000 fr., qu'il a touchés depuis le 1er. avril 1821 jusqu'au deuxième trimestre de 1830 inclusivement.

Ordonne que l'imputation des trois sommes de 50,000 f. et des arrérages de pension, sera faite aux différentes dates auxquelles lesdites sommes et lesdits arrérages ont été payés.

Ordonne que les condamnations prononcées par le

jugement par défaut, telles qu'elles viennent d'être réduites, et après les imputations et déductions ci-dessus indiquées, ne pourront être mises à exécution que sur l'usufruit des forêts comprises en la donation du 9 novembre 1818, et dans le bail du 7 juillet 1831, et sur les autres biens et valeurs qui, maintenant possédés par Charles X, lui appartenaient déjà avant son avènement à la Couronne.

Fait main-levée des oppositions qui auraient été formées, et des inscriptions hypothécaires qui auraient été prises par le Comte de Pfaffenhoffen, sur des valeurs ou biens qui, quoique appartenant maintenant à Charles X, ou possédés par lui, n'auraient pas déjà fait partie de ses biens, avant son avènement au Trône.

Condamne Charles X aux dépens.

Sur le surplus des demandes, fins et conclusions, met les parties hors de cause.

Il est ainsi signé, *de Belleyme* et *de la Tourmiguière,* sur la minute du présent jugement.

Fait et jugé en l'audience publique tenante de la première chambre du Tribunal Civil de première instance du département de la Seine, séant au Palais-de-Justice, à Paris,

Par M. de Belleyme, président, M. de La Haye, vice-président, M. Guyon d'Assas, doyen, et MM. Eugène Lamy, Guérault et Buchot, juges.

Le vendredi 9 mars de la présente année 1832.

Mandons et ordonnons, etc., etc., etc.

Par le Tribunal.

Signé, Lelouche.

Le 19 du même mois, au nom du Royal Défendeur, un appel de cette Sentence a été interjeté sur des motifs que l'honneur, la délicatesse et la probité se réunissent à l'envi pour repousser avec indignation. Sans respect pour leur Royal Client, et pour la décence et pour la vérité, les agens de mon Royal Débiteur ont osé présenter à la Cour, *l'acte de cautionnement et de garantie,* PAR LEQUEL JE LUI AI SAUVÉ L'HONNEUR, comme « *un prêt qui lui aurait été fait par moi,* » disent-ils, *pour une cause politique, prohibée* » *par les lois de cette époque !* » lois qu'ils ne citent pas, et qu'il leur serait impossible de citer, puisqu'à cette époque du 20 septembre 1792, la France était sans lois, dans l'attente d'une Convention qui n'était encore ni rassemblée, ni constituée; lois d'ailleurs, qui, eussent-elles existé; ne pouvaient et ne peuvent être opposées à un Étranger, contractant sur le sol Étranger.

Du reste, je me borne à rappeler ici, que, sur les plaidoiries de mon honorable Patron, M. le Chevalier Parquin, Bâtonnier de l'Ordre des Avocats, la Cour Royale a déjà repoussé ce système odieux, par ses Arrêts dans l'affaire Viot, contre les héritiers Monaco, et dans l'affaire des enfans Legris, contre le Duc d'Havré.

J'aurais pu moi-même interjeter appel incident de cette même Sentence, sur le point qui me fait grief, en défalquant du montant de ma créance, et en imputant comme à-compte sur icelle, la pension que Louis XVIII m'a faite, et que Charles X m'a continuée, non comme paiemens partiels de leur dette, mais comme dédommagemens des malheurs que j'ai éprouvés à soutenir leur cause ; des frais des différentes missions dont ils m'avaient chargé ; des pertes que j'ai essuyées dans les prisons que j'ai endurées pour eux ; enfin, des retards du paiement de leur dette. Mais sur les représentations de mon honorable Patron, je me suis résolu à ce dernier sacrifice, et à borner mon appel-incident sur le point de la Sentence du 9 mars, qui me fait encore grief, en ce qu'elle réduit son exécution sur les seuls biens dont mon Royal Débiteur jouissait avant son avènement au Trône, et qui se composent d'un usufruit trop minime pour me payer, quand j'y suis primé par d'autres créanciers.

Telle est la cause sur laquelle j'attends, avec une respectueuse confiance, l'Arrêt que la Cour Royale de Paris doit prononcer, à sa rentrée, après les présentes vacations.

J'avais besoin d'exposer cette cause, dans toutes ses circonstances, à mes Contemporains et a la Postérité, devant qui il m'importait de me justifier des poursuites judiciaires et des con-

traintes rigoureuses que mon Royal Débiteur me
condamné, dans ses revers, à exercer contre lui,
par son refus d'adhérer à aucune proposition
d'arrangement, que je ne cesse de le supplier de
m'imposer lui-même !

Paris, le 5 Septembre 1832.

F. S. Comte DE PFAFF DE PFAFFENHOFFEN.

P. S. J'ajouterai, par Appendice, à cet humble Exposé, le texte de l'Arrêt, que la Cour
Royale de Paris s'est ajournée, par Arrêt verbal
du 2 d'août, à prononcer en novembre prochain.

PREMIER APPENDICE.

On a vu dans l'Exposé ci-dessus;

Page 54. — Qu'une Ordonnance Royale, du 2 août 1828, officiellement annoncée aux Chambres Législatives par le Ministre des Finances, et insérée au *Moniteur*, avait institué une Commission « pour la reconnaissance et la fixation » des dettes contractées; pendant l'émigration, » par le Roi et les Princes de sa famille. »

Pages 55, 56, 57 et 58. —Comment cette haute et solennelle Commission avait *reconnu et fixé* ma créance, le 6 décembre 1828.

Pages 61 et 62. — Que, par plusieurs lettres, le Ministre, Intendant-Général de la Maison du Roi, *signataire de la susdite Ordonnance*, m'avait annoncé que « la Commission chargée de » STATUER sur ma créance, était occupée à la » LIQUIDER DÉFINITIVEMENT. »

Enfin, pages 71 et 72. — Que ce même Ministre m'a écrit que, « le travail de la Commis- » sion étant terminé, il avait été adressé à M. le

7

» Ministre des Finances, CHARGÉ d'y donner la
» suite nécessaire. »

D'où j'ai tiré cette conséquence irréfragable,
que le Roi avait approuvé le travail de la Commission, puisqu'il avait CHARGÉ son Ministre d'y
donner la suite nécessaire.

Malgré cette conséquence indestructible, les
agens judiciaires de S. M. ont continué à plai-
der et soutenir devant la Cour Royale,

« Que la Commission n'avait ni statué, ni
» liquidé, ni reconnu, ni fixé aucune créance,
» et qu'elle n'avait donné que des *avis*, que le
» Roi n'avait pas approuvés ! »

Sur cette obstination des Agens Judiciaires
du Roi Charles X, à soutenir une absurdité qui
le dispute à la mauvaise foi, j'en avais appelé,
quant au premier point, à l'Ordonnance que j'ai
rapportée textuellement, page 54, laquelle a institué la Commission, non pour donner de simples *avis*, mais « pour la reconnaissance et la
» fixation des dettes de S. M. » Et quant au second point, que le Roi n'aurait pas approuvé le
travail de la Commission, j'en avais appelé aux
lettres de M. de la Bouillerie, rapportées pages
71 et 72 de mon EXPOSÉ, qui démontrent le contraire.

Mais pour achever de confondre ces misérables assertions, les Archives de la Couronne m'ont fourni depuis peu, et je crois devoir produire ici, comme je l'ai fait devant la Cour Royale, la lettre même à laquelle se réfèrent celles que je viens de citer ; et qui, ÉCRITE PAR ORDRE ET AU NOM DU ROI, par le Ministre de sa Maison, au Ministre des Finances, donne la preuve la plus péremptoire de l'approbation que S. M. a donnée au travail qui, aux termes de son Ordonnance du 2 août 1828, *a reconnu et fixé* SES DETTES LÉGITIMES, dont il a *chargé* son Ministre de HATER L'ACQUITTEMÈNT. Et je la produis avec d'autant plus d'empressement, que, dans le dévoûment respectueux que je ne cesse de conserver pour mon Royal Débiteur, elle me procure la satisfaction de publier combien S. M. désirait personnellement l'acquittement de ces mêmes dettes, que ses déplorables agens ont eu l'effronterie de lui faire nier, et de provoquer le scandale de sa condamnation par l'Arrêt que je vais rapporter ; mais dont l'affront, si mes vœux sont exaucés, ne retombera que sur les misérables qui l'ont excité à soutenir ce malheureux procès.

ARCHIVES DE LA COURONNE.

COPIE, SUR LA MINUTE, D'UNE LETTRE ADRESSÉE

PAR M. DE LA BOUILLERIE,

A. M. LE MINISTRE DES FINANCES.

Paris, 22 mai 1829.

« Monsieur le Comte, LE ROI M'A CHARGÉ *de vous*
» *transmettre le résultat des travaux de la Commission,*
» *instituée par l'Ordonnance du 2 août 1828. Je m'em-*
» *presse de me conformer aux* ORDRES DE S. M. *en en-*
» *voyant à V. Exc. le résumé des états dressés par la*
» *Commission, et une copie du rapport par lequel elle*
» *rend compte au Roi de la marche qu'elle a suivie.* »
» J'y joins des observations sur une question impor-
» tante qu'elle s'est abstenue de résoudre : celle de
» savoir s'il est possible d'opposer l'exception de dé-
» chéance aux anciens créanciers de MONSIEUR, Comte
» de Provence, et de Monseigneur, Comte d'Artois, qui
» ne se sont pas pourvus en liquidation devant les au-
» torités compétentes ; ou qui, s'étant pourvus, n'ont
» pas été remboursés par l'État.
» *Je prie V. Exc. de donner une sérieuse attention*
» *à cette affaire, et de* HATER, *autant qu'il dépendra*
» *d'elle,* L'ACQUITTEMENT, *si long-temps attendu et si*
» *désirable,* DES DETTES LÉGITIMES *contractées par les*
» *Princes de la Famille Royale.*

» Quoique les documens que j'ai l'honneur de vous
» adresser, sous le rapport des sommes qu'il convien-
» drait d'allouer, diffèrent de ceux qui furent transmis,
» au mois de janvier 1826, à votre prédécesseur, par
» M. le Duc de Doudeauville, alors Ministre de la
» Maison du Roi, je dois cependant vous prier, Mon-
» sieur le Comte, de vous faire représenter les trois
» rapports, dans lesquels la matière est discutée avec
» les développemens nécessaires.

» Je fais transcrire, en ce moment, les états formés
» par la Commission. Si V. Exc. désire les avoir, j'aurai
» l'honneur de lui en faire parvenir les copies.

» Agréez, Monsieur le Comte, l'assurance de ma
» haute considération. »

Peut-il y avoir une reconnaissance plus for-
melle d'une dette, que l'Ordre d'en hater l'acquittement !

Que l'on veuille bien observer que cette lettre
est écrite par ordre du Roi, qu'elle doit à jamais sauver du blâme d'avoir négligé ses créanciers; qu'on observe qu'elle est de ce même Baron
de la Bouillerie, qui avait contresigné l'Ordonnance du 2 août 1828, et qui depuis a écrit au
Garde-des-Sceaux, en date du 5 décembre 1829,
« que le travail de la Commission n'était qu'*un
avis*, dont il avait été *résolu* de ne donner aucune communication aux parties intéressées ! »
Un avis! et elle avait été instituée pour recon-
naitre et fixer ! *Résolu!* eh ! par qui ? Dans

quel conseil, ou plutôt dans quel conciliabule une résolution si contraire à la lettre et à l'esprit de l'Ordonnance, à la volonté expresse du Roi, et à toute justice, a-t-elle pu être prise ? — Et ce misérable subterfuge a pu être avancé, plaidé, sans pudeur, par les agens judiciaires de Charles X, devant le Tribunal de Première Instance ! reproduit et replaidé devant la Cour Royale, avec non moins d'impudeur, sur les instigations d'un ex-avocat *Guichard*, qu'on a vu, revêtu de son antique robe solennelle, assister aux audiences, s'y démener jusqu'à souffler, et suggérer ces honteuses défenses aux avocats du Royal Défendeur, à qui, dans mon respectueux et inextinguible attachement, je ne puis m'empêcher d'adresser encore cette doùloureuse et déchirante exclamation :

O Monarque infortuné ! ô le plus infortuné des Monarques ! dépouillé de la Majesté du Trône, ceux même qui s'affichent pour vos amis, semblent se disputer entre eux, à qui vous dépouillera de la majesté du malheur ! à qui vous privera du repos de la conscience ! à qui vous enlèvera ce qui a consolé Saint Louis, Jean-le-Bon, François Ier., dans leurs revers !

Sur l'appel interjeté, au nom du Roi Charles X, de la Sentence du 9 mars 1832, la cause est venue à l'audience de la troisième Chambre de la Cour Royale de Paris, devant qui Me. Bérard des Glajeux a plaidé pour S. M., le jeudi 15 novembre; Me. Parquin, Bâtonnier de l'Ordre des avocats, a plaidé pour moi, le jeudi 22 novembre; M. l'Avocat-général de Berville a porté la parole, le jeudi 29; et la Cour a mis la cause en délibéré, pour prononcer Arrêt, le samedi 15 décembre, auquel jour, Elle a prononcé son Arrêt de la teneur suivante :

ARRÊT

DE LA COUR ROYALE DE PARIS,

Du 15 décembre 1832.

Louis Philippe, Roi des Français,

A tous présens et à venir, Salut.

La Cour Royale de Paris, troisième Chambre, a rendu l'Arrêt dont la teneur suit :

Entre Charles-Philippe de Bourbon, comte d'Artois, en dernier lieu Roi de France, sous le nom de CHARLES DIX, demeurant au Château d'Holyrood, en Écosse, ci-devant, et présentement à   , Empire d'Autriche; Appelant, suivant exploit du ministère de Naquet, huissier à Paris, en date du 19 mars 1832, d'une Sentence rendue par le Tribunal Civil de première instance de Paris, le 9 mars 1832 : —*Demandeur* aux fins des assignations et conclusions contenues audit exploit d'appel : —*Opposant* à l'Arrêt par défaut contre lui rendu par cette Chambre de la Cour, le 4 avril 1832, enregistré : — *Demandeur* aux fins de sa requête, signifiée le 3 novembre 1832:— *Défendeur* aux fins de la requête à lui signifiée le 31 mai 1832 : — *Défendeur* aux fins de l'appel incident contre lui interjeté par le ci-après nommé, par requête d'avoué à avoué, du 28 mai, même année : — *Comparant* par maître Bérard des Glajeux, avocat, assisté de Me. Périn, son avoué; d'une part.

Et FRANÇOIS-SIMON, COMTE DE PFAFF DE PFAFFENHOFFEN, et du Saint-Empire Romain, Chevalier-d'Honneur de l'Ordre souverain de Saint-Jean de Jérusalem, Seigneur du Reisenberg, en Basse-Autriche; ci-devant Administrateur, Prince Postulé de Stavelot et Malmédy, ancien Tréfoncier, Capitulaire de l'Église souveraine de Liége, ancien Seigneur du Rothenhof, etc.; demeurant ordinairement au Château du Reisenberg, en Basse-Autriche; et présentement à Paris, rue de Castiglione, N°. 2. — INTIMÉ, suivant l'exploit d'appel sus énoncé et daté, sur l'appel de la sentence rendue par le Tribunal Civil de première instance de la Seine, ledit jour, 9 mars 1832:— *Défendeur* aux fins des assignations et conclusions contenues audit exploit d'appel: — *Demandeur* en exécution de l'Arrêt par défaut du 4 avril 1832 : — *Demandeur* en requête du 2 mai 1832: — *Défendeur* aux fins de la requête à lui signifiée le 3 novembre dernier : — *Appelant* incidemment par requête du 28 mai dernier, du jugement dudit jour 9 mars 1832 : — *Comparant* par

Maître Parquin, avocat, assisté de M^e. West, son avoué, d'autre part.

Et encore, entre, 1°. Antoinette-Madeleine-Pulchérie Dumesnil de Sommery, veuve du sieur Simon Cavalier de Tourville, demeurant à Paris, rue de Grenelle Saint-Germain, N°. 67 ; *intervenante* dans l'instance.—*Demanderesse* aux fins de sa requête d'intervention du 10 juillet 1832 : — *Défenderesse* aux fins de la requête à elle signifiée le 31 juillet 1832 : — *Comparante* par M^e. Conflans, avocat, assisté de M^e. Tartois, son avoué. — 2°. le sieur Augustin-François-Philémon de Grégoire de Saint-Sauveur, demeurant à Versailles, rue de Noailles. —3°. Et demoiselle Jeanne-Élisabeth de Grégoire de Saint-Sauveur, fille majeure, demeurant à Versailles, rue de Noailles : — Tous deux *intervenans* dans l'instance : — *Demandeurs* aux fins de leur requête d'intervention : — *Défendeurs* aux fins de la requête à eux signifiée le 31 juillet 1832 : — *Comparans* par M^e. de Langle, avocat, assisté de M^e. Beaumé, leur avoué.

Et Monsieur le Comte de Pfaff de Pfaffenhoffen, ci-dessus nommé, qualifié et domicilié : — *Défendeur* aux fins des requêtes d'intervention des ci dessus nommés; — *Demandeur* en requête du 31 juillet 1832 : — *Comparant* comme dit est ci-dessus.

Sans que les qualités puissent nuire ni préjudicier auxdites parties.

Point de fait, etc., etc., etc.

Point de droit.

Faut-il recevoir les intervenans, parties intervenantes dans la cause, sur l'appel principal ?

Faut-il déclarer le Comte de Pfaffenhoffen non recevable en sa demande et l'en débouter ?

En conséquence infirmer le jugement dont est appel?

Ne faut il pas plutôt confirmer ledit jugement audit chef?

Sur l'appel principal, faut-il admettre le Comte de Pfaffenhoffen à exercer ses droits sur tous les biens de *Charles Dix* indistinctement, et lui allouer les frais par lui faits dans son procès soutenu à l'étranger?

N'est-ce pas le cas de confirmer ledit jugement audit chef?

Quid à l'égard des dépens et des amendes?

Après avoir entendu aux audiences des 15, 22 et 29 novembre dernier, Bérard des Glajeux, avocat de Charles dix, assisté de Périn, son avoué;—Conflans, avocat de la veuve de Tourville, assisté de Tartois, son avoué; — De Langle, avocat du Comte et de la fille majeure de Saint-Sauveur, assisté de Beaumé, leur avoué;—Parquin, avocat du Comte de Pfaffenhoffen, assisté de West, son avoué; en leurs conclusions et plaidoiries respectives; ensemble Me. Berville, premier avocat général, pour le procureur-général en ses conclusions, et en avoir délibéré conformément à la loi; — La cause continuée à ce jour, pour la prononciation de l'Arrêt:

La Cour, faisant droit sur les appels, respectivement interjetés par les parties, du Jugement rendu par le Tribunal Civil de Paris, le 9 mars 1832, ensemble sur les demandes en intervention formées par la Veuve de Tourville et par le Comte de Saint Sauveur et la fille majeure de Saint-Sauveur:

En ce qui touche les demandes en intervention;

Considérant qu'aucune intervention n'est recevable, si ce n'est de la part de ceux qui auraient droit de former tierce-opposition , et que les intervenans ne sont dans aucun des cas, où la tierce-opposition pourrait être admise de leur part ; — *Déclare* les intervenans non recevables dans leur demande en intervention, et les condamne aux dépens, dont distraction est faite à West et Périn , avoués , qui l'ont requise.

En ce qui touche l'appel principal interjeté par Charles dix :

Adoptant les motifs des premiers juges ;

En ce qui touche l'appel incident de Pfaff de Pfaffenhoffen : — Quant au premier grief, résultant de ce que l'exécution des condamnations prononcées n'est accordée que sur les biens ou valeurs , qui maintenant possédés par Charles dix , lui appartenaient déjà avant son avènement au Trône; tandis que l'Appelant demandait aussi cette exécution sur les biens que Charles dix avait pu acquérir pendant et depuis son règne , ainsi que sur le reliquat éventuel des deniers et autres valeurs de la Liste civile, après liquidation ;

Considérant que si , par exception au principe de la dévolution, le Jugement dont est appel a accordé à Pfaffenhoffen, ancien créancier de Charles dix, une action sur les biens que ce Prince avait conservés , à titre particulier, en montant sur le Trône, et dont l'État n'avait pas pris possession , cette action doit s'arrêter à cette nature de biens, et que l'Appelant, devenu, à cette seule acception près, Créancier de l'État, à l'instant même où le Prince montait sur le Trône, ne pouvait plus exercer aucun droit, ni sur les biens que le Prince aurait pu acquérir depuis, même à titre singulier, ni sur aucune portion de la liste civile :

Adoptant au surplus les motifs des premiers juges ;

Quant au second grief, résultant de ce que Charles dix n'aurait pas été condamné à payer les frais faits contre lui par l'Appelant à l'Étranger;

Considérant que ces frais pourront être compris, s'il y a lieu, dans les dommages intérêts *à donner par état*, dont la condamnation est prononcée par le jugement dont est appel ;

Met les appellations au néant ;

Ordonne que le jugement dont est appel sortira son plein et entier effet ;

Condamne les Appelans aux amendes et aux dépens de leurs appels, desquels dépens distraction est respectivement faite aux avoués qui l'ont requise.

Sur le surplus des demandes, fins et conclusions des parties, comme n'ayant plus d'objet, met les parties hors de Cour.

Fait et prononcé en la Cour Royale de Paris, le samedi quinze décembre 1832, à l'Audience publique de la troisième Chambre, où étaient présens et siégeaient M. Lepoitevin, Président; MM. Hémery, Dameuve, Chevalier, Espivent, Simonneau, Maugis, Faure, Grandet, Chiguard, conseillers; M. Portalis, conseiller auditeur, ayant voix délibérative. En présence de M. Aylies, substitut du Procureur-général du Roi ; tenant la plume M^e. Reyjal, greffier d'audience.

Mandons et ordonnons à tous huissiers, sur ce requis, de mettre le présent Arrêt à exécution ; à Nos Procureurs-Généraux et à Nos Procureurs près les Tribunaux de première instance d'y tenir la main ; et à tous Commandans et Officiers de la force publique de prêter main-forte lorsqu'ils en seront légalement requis.

En foi de quoi, la minute du présent Arrêt a été signée par le Président et le Greffier; et enregistrée, à Paris, le 2 janvier 1833, fol. 41, cases 5, 6 et 7, par Chambert, qui a perçu 55 fr., le dixième compris.

Par la Cour,

Collationné et scellé,

(*Signé*) LOT,

Greffier en Chef.

SECOND APPENDICE.

Je vais terminer cet Exposé, par un extrait succinct de la procédure et des procédés qui ont eu lieu devant la Cour de Session d'Édinburgh, et par le Décret qui y a été prononcé.

On aura remarqué que mon procès à Paris, y a commencé le 23 juillet 1830, avant-veille des fatales Ordonnances, qui ont forcé mon Royal Débiteur à descendre du Trône et à chercher un asile en Angleterre.

Dans le misérable état où sa dette m'avait plongé, n'imputant qu'à ses ministres le refus de paiement d'une dette aussi sacrée, ne pouvant pas me faire à l'idée qu'il ne voulût pas la payer, et ne croyant pas, qu'ayant eu, pendant les six années de son règne, à 40 millions de revenus domaniaux et de liste civile par an, 240 millions à sa disposition, il se trouvât sans moyen de la payer ; je me résolus d'aller le supplier de prendre avec moi tels arrangemens que ses moyens lui permettraient. Il m'envoya, à Wareham, l'époux d'une des filles naturelles du Duc de Berri, qui se permit de me parler avec si peu d'égards, que je lui tournai le dos, sans lui répondre ! J'en rendis compte au Roi, qui ne me répondit pas !

Craignant alors de céder à un mouvement d'irritation, en présence des lois Anglaises, à la sévérité desquelles j'aurais pu recourir; et me fuyant, pour ainsi dire, moi-même, que l'aspect du plus déplorable avenir aurait pu entraîner à un *Affidavit* devant le Shérif.... Je me hâtai de quitter Wareham et l'Angleterre, et de revenir en France.

Là, plus calme, voyant mon sort et ma misère dans toute leur profondeur, et apprenant que mon Royal Débiteur était allé se réfugier sous les lois moins rigoureuses de l'Écosse, j'eus recours à la bourse de quelques rares amis, qui me mirent en état de faire le voyage d'Édinburgh. Mes premières démarches furent d'y supplier encore mon Royal Débiteur de soulager les détresses où sa dette m'avait réduit.

Je lui écrivis la lettre suivante :

A SA MAJESTÉ

LE ROI DE FRANCE,

COMTE DE PONTHIEU.

« SIRE,

» Mon respect, mon dévouement pour Votre Majesté ne peuvent ni s'éteindre ni s'affaiblir, par l'excès de l'injustice qui pousse à l'extrême les détresses où elle m'a plongé.

» Ce respect m'a empêché de m'attacher, à Lullwort, à la personne de l'Auguste Débiteur que les lois anglaises me livraient. J'ai reculé devant leur sévérité, lors même que celui qui est venu me parler de la part de Votre Majesté m'a forcé de lui tourner le dos.

» Mais aujourd'hui qu'Elle se trouve sous des lois moins rigoureuses, et qu'Elle peut librement prendre avec moi des arrangemens dignes d'Elle, auxquels Elle me sait disposé de consentir; si Elle s'y refuse, j'aurai moins de répugnance à invoquer le secours des lois, devant lesquelles je viens humblement représenter, une dernière fois, à Votre Majesté tout ce que j'aurai à divulguer; je vais le lui exposer succinctement avec la crudité des expressions que leur vérité me fera pardonner.

» Vos Altesses Royales, qui, en 1792, n'avaient pu

obtenir le rassemblement des Émigrés, dans les Pays-Bas, d'où ils étaient repoussés, ont eu recours à moi pour les faire recevoir dans le Pays de Liége. Malgré la politique des Puissances environnantes et le Gouvernement de mon propre pays, j'ai triomphé des obstacles devant lesquels Vos Altesses Royales avaient échoué ; j'ai procuré des établissemens aux Émigrés : j'ai créé l'Armée de Bourbon !

» Il a fallu équiper cette armée et lui procurer des armes et des munitions. C'est encore à moi que Vos Altesses Royales eurent recours, et j'ai rempli leur attente. Sur mes invitations et mon crédit, je suis parvenu à faire fournir à l'armée que j'avais créée tout son matériel, — *que les Commissaires de* Vos Altesses Royales *ont payé, pour la plupart, avec les faux assignats* qu'Elles avaient Elles-mêmes fait fabriquer !!!

» Cette fausse monnaie fut bientôt reconnue pour fausse ! Il y eut alarme, il y eut émeute parmi les fournisseurs si indignement trompés dans la confiance que je leur avais inspirée pour mes Augustes Commettans. M. le Duc de Bourbon m'écrivit « de gagner du temps » auprès des fournisseurs, jusqu'à l'entrée en France, » où l'affaire serait examinée !!! » Mais l'esclandre était à son comble. On avait déjà employé les moyens judiciaires : le convoi de l'armée avait été saisi et arrêté par autorité de justice. On allait informer sur le délit !

» Pour étouffer cette esclandre, pour arrêter l'information, pour délivrer le convoi, pour anéantir les preuves du délit, et par-dessus tout, pour sauver l'honneur personnel de Vos Altesses Royales, aussi gravement compromis, en matière aussi grave, dont la justice était déjà saisie, il n'y avait pas un moment à perdre : aidé du Mayeur de Colson, qui s'entremit auprès des fournisseurs, je me suis rendu caution solidaire de Vos Altesses Royales ; je me suis obligé pour Elles; j'ai pris leur dette sur moi ; et sur mon obligation personnelle solennellement homologuée par le Juge Suprême du Pays de Liége, son Ordonnance, scellée de son grand-sceau, a levé le séquestre, a délivré le convoi, a détruit les actes du délit, a sauvé d'une enquête judiciaire les Fils de France, Louis-Stanislas-Xavier et Charles-Philippe!!!

» C'est ainsi, Sire, que j'ai conservé l'honneur personnel de Vos Altesses Royales !!!

» Quelle en a été la récompense?

» L'acte de mon cautionnement était stipulé payable après la rentrée des Princes en France : on la croyait alors très prochaine; elle n'eut lieu que vingt-deux ans après!

» Retiré alors dans mes propriétés patrimoniales en Autriche, j'y vivais en repos, dans le sein de ma famille, avec une fortune aisée, quand j'y fus attaqué en 1816 pour le paiement de votre dette. J'ai dénoncé la procédure au Roi et à *Monsieur*, avec respectueuses sommations d'intervenir. Mais vous m'avez laissé condamner, sous prétexte que la dignité de la Couronne de France ne lui permettait pas de comparaître devant un Tribunal étranger. J'ai donc été contraint de payer votre dette, et pour la payer de vendre 28,000 fr. de mes rentes, au cours de 73 ! c'est-à-dire de sacrifier, en un seul jour, 560,000 fr. de ma fortune !!!

» J'en ai réclamé le remboursement. Vous m'avez ren-

voyé au Roi, « comme s'étant seul chargé du paiement de
» ces sortes de dettes. » Le Roi, en effet, a reconnu sa
dette envers moi, par décision du 13 mai 1819; mais
« sa liste civile se trouvant trop surchargée pour me la
» payer entièrement sur-le-champ, SA MAJESTÉ m'a
» proposé de me payer, par parties brisées annuelles de
» 50,000 fr. » J'ai accepté cet arrangement, qui a été
exécuté jusqu'à sa mort.

» Mais, sous le Règne de VOTRE MAJESTÉ, par une sorte
d'impiété envers le feu Roi, et par autant de dureté que
d'injustice envers moi, cet accord de Louis XVIII sur
une dette aussi sacrée, et qui vous était commune, n'a
pas été respecté ! Rien ne m'a été payé !!!

» En vain, pour vérifier le reste des dettes de VOTRE
MAJESTÉ, M. le Duc de Doudeauville a-t-il établi une
Commission qui a dit à VOTRE MAJESTÉ « que sa dette
» envers moi était incontestable, et que les principes
» de l'honneur et de la reconnaissance en réclamaient
» le remboursement. »

» En vain, ainsi qu'il me l'écrivait encore le 20 du
mois dernier, « a-t-il bravé, quand il était en place,
» plus d'un personnage puissant pour obtenir de VOTRE
» MAJESTÉ que les arrangemens réglés avec moi par
» Louis XVIII soient repris et exécutés. »

» En vain le Préfet de la Seine a-t-il liquidé ma
créance par un Arrêté régulier, du 12 octobre 1826,
qui, avec les articles 2028, 2029 et 2032 du Code
civil, porte ma créance à 1,125,000 fr., qui s'accroissent
tous les jours par les intérêts qui y sont stipulés.

» En vain la Commission créée par l'Ordonnance de

Votre Majesté, du 2 août 1828, a-t-elle mis ma créance à la tête de toutes les dettes de Votre Majesté *comme la principale et l'une des plus favorables.*

» En vain la dette de Votre Majesté m'a-t-elle réduite aux plus profondes misères : — je n'ai rien pu obtenir d'Elle, pendant son règne ! !

» Elle aimait, Elle honorait son Auguste Frère, son prédécesseur, et Elle n'a pas rempli, Elle n'a pas fait respecter ses règlemens pour l'acquit d'une dette la plus sacrée qui fût jamais, et qui Vous était commune avec Lui !

» Combien Votre Majesté s'est éloignée, à cet égard, de son immortel aïeul Henri IV, qui a voulu qu'on payât les dettes de son Prédécesseur Henri III, quoiqu'elles lui fussent étrangères ! « Il y va de notre » propre honneur, disait ce grand Prince, aussi bien » que de la réputation de notre Frère et Seigneur. »

» Et la dette de Louis XVIII envers moi n'était pas seulement la sienne, elle est aussi Votre dette ; dans toutes ses circonstances, dans son origine, dans sa nature, dans la fabrication des faux assignats donnés en paiement à des hôtes généreux, à des fournisseurs de bonne foi, trompés, indignement trompés dans leur confiance dans les deux Fils de France, qui sont depuis montés sur le Trône de saint Louis !!!

» C'est un délit, repris par les lois de tous les peuples régis par des lois. J'ai sauvé Votre Majesté de leur vindicte, comme j'en avais sauvé Louis XVIII : et Elle a pu ne pas ordonner que les arrangemens réglés par

Louis XVIII, pour Vous acquitter tous deux envers moi, fussent exécutés !

» Votre Majesté ne manque pas à ses exercices de piété ! Tous les jours, au pied des saints autels, Elle invoque par ses prières les grâces du Très-Haut ! Mais le Ciel n'exauce que les prières de l'homme juste ; il repousse, comme un outrage, celles du pécheur en état de péché ! et le septième commandement de Dieu ordonne à tous les fidèles de ne pas retenir le bien d'autrui à leur escient !!!

» Sire, c'est ici le dernier effort de mon respectueux dévoûment envers Votre Majesté. Comme son vieux serviteur et comme son créancier, je la prie, je la supplie de considérer que tous les faits que j'ai tus sur l'origine et la nature de sa dette envers moi, tous ces faits que Louis XVIII m'a su gré d'avoir tus, tous les faits arrivés depuis la mort de ce Monarque, et qui ne peuvent pas être connus sans provoquer le blâme et la déconsidération sur Votre Majesté, seront pourtant divulgués par la publicité d'une action judiciaire !

» Je prie, je supplie, je conjure Votre Majesté de s'éviter, de m'éviter cette scandaleuse publicité, et de consentir à un arrangement dont j'ai déjà eu l'honneur de lui soumettre les bases, où Elle me trouvera toujours le même, toujours dévoué à Votre Majesté d'un dévoûment dont seul je suis capable peut-être, et qui, quoi qu'il arrive, ne finira qu'avec ma vie.

» MM. Ruffel et Cowan, d'Edimbourg, sont chargés de remettre le projet d'arrangement aux pieds de Votre Majesté, et de prendre ses ordres, pour ne commencer l'action judiciaire qu'après son refus d'un arrangement.

» Je suis, avec le plus profond respect,

» De Votre Majesté,

» SIRE,

» Le très humble, très obéissant et toujours dévoué serviteur,

» Le Comte de Pfaffenhoffen. »

28 Octobre 1830.

La réponse du Roi fut un refus!

Je me suis donc trouvé forcé, par mon Royal Débiteur lui-même, de recourir aux voies judiciaires. Dirigé par un des plus honorables *Writer to the Signet*, M. John Russell, je pris pour mes Conseils les plus éminens personnages du Barreau d'Édimbourg : M. John Hope, alors Solliciteur-Général, et depuis Doyen de la Faculté des Avocats; et M. James Keay. Un *Summon* fut rédigé d'après leurs avis, et exécuté le 6 novembre 1830.

Mais pour et avant d'exécuter ce *Summon*, il avait fallu « *fundare jurisdictionem intra* » *duos extraneos iu Scotiâ litigantes;* » et pour fonder la juridiction de la Cour de Session, on n'avait trouvé que les voitures dans lesquelles le Roi et sa suite avaient voyagé : et ces voitures avaient, en conséquence, été saisies chez le carrossier, où, après le voyage et l'arrivée de Sa Majesté, elles avaient été déposées pour être réparées.

Avant d'aller plus avant, je priai, je suppliai, je fis prier et supplier mon Royal Débiteur, par mes honorables Conseils eux-mêmes, de consentir à un arbitrage ou compromis, pour sauver au moins d'une plus grande publicité, une affaire malheureusement déjà trop scandaleuse.

Je copie le Journal des Comptes de M. Russell.

« Nov. 6. — Writing (M. Bowie, as Agent for
» Charles X, of our having executed these writs, and
» that we were empowered to make an amicable arran-
» gement. »

« Nov. 9. — Writing you that M. Bowie had stated
» that the King would not compromise.—And meeting
» M. Bowie, who intimates, The King's determination
» to defend suit in Court, at to listen to no compro-
» mise. »

Avant mon départ d'Édimbourg, il y eut une dernière réunion de mes Conseils « *when it was* » *resolved to offer an Arbitration,* » et mon

Agent en a renouvelé la proposition, les 29 décembre 1830, et 3 janvier 1831.

Ce même jour 3 janvier, l'Agent du Roi « *infor-* » *med M. Russell that no compromise would* » *be agreed to.* »

Le 11 du même mois, « *long meeting with* » *the Duc de Blacas, when he stated that the* » *King was resolved not to enter into any* » *arrangement as to the debt; and expressed* » *his regret that the King's name should be* » *publickly brought forward!* » etc.

Toutes mes instances, tous mes efforts et ceux de mes honorables Conseils ayant ainsi échoué auprès du Roi, pour obtenir que l'affaire se décide à l'amiable et par arbitres,.... il m'a donc fallu poursuivre l'affaire judiciairement.

Hélas ! suis-je donc condamné à révéler tout ce que les défenses de Sa Majesté auraient de honteux et d'avilissant pour Elle, si je ne les croyais pas l'œuvre de ces *déplorables* Conseillers qui semblent l'obséder encore dans sa retraite, et auxquels Elle a la faiblesse de s'abandonner.

On lui a donc fait nier sur le fond de l'affaire à Édimbourg, tout ce qu'on a vu ses Agens nier en son nom devant les Tribunaux de Paris. On a eu occasion de faire pis, et on ne l'a pas laissée échapper!

Ces voitures saisies pour fonder la juridiction, étaient celles dans lesquelles le Roi et sa famille avaient voyagé de Saint-Cloud à Cherbourg : elles y avaient été embarquées avec SA MAJESTÉ et débarquées avec Elle en Angleterre, réembarquées et redébarquées avec Elle au port d'Édimbourg ; plusieurs portaient les armes royales, d'autres le chiffre du Roi, sur leurs panneaux : les poignées de bronze ou cuivre doré, étaient ornées en bosse, des Armes et de la Couronne Royale.

Eh bien! les royales défenses ont nié que ces voitures appartinssent au Roi!!! « *None of these* » *carriages belonged to the defender!!!* »

On a répété ces négations dans les réponses du 28 juin 1831!!! On les a répétées dans les réponses révisées du 15 février 1832!!!

« *None of the carriages arrested, belonged* » *to the respondant. All the respondant's car-* » *riages were left at Saint-Cloud : in coming* » *to this country, He made use of a carriage* » *belonging to one of his suite!!!* »

Mais après avoir nié avec tant d'assurance et de persévérance, il ne fallait pas laisser subsister les preuves matérielles qui les démentaient : et pour parvenir à les détruire, qu'a-t-on fait ? On a employé des ouvriers à gratter et effacer des panneaux, les armoiries et les chiffres de Sa Majesté!!! On a employé d'autres ouvriers à détruire les Armes et les Couronnes Royales *embossées* sur les poignées des portières!!!.... Et il a été constaté par mes Agens judiciaires, avertis à temps, « *that although the arms pointed on the pan-* » *nels of these carriages have been* defacced, » *the French Royal Crown is embossed in one* » *of these, and the Royal Arms embossed on* » *another!!!* »

La plume échappe de mes mains! Je la ressaisis pour annoncer que dans l'acte de la procédure, intitulé : « *revised condescendence ;* » je trouve barrés les articles XLII, XLIII, consacrés à cet article : et je lis les mots écrits en marge :

« *Defence is withdrawn, now abandoned* » *by the Defender.* »

Les défenses n'ont donc pas poussé l'impudeur plus avant! Je puis donc respirer à mon aise sur ce point, qui ne peut jamais se reproduire, surtout après ma main-levée de la saisie des voitures, en suite d'une convention secrète, entre un Anonyme et moi, en date du 26 octobre 1831, dont il sera plus amplement question dans l'Appendice suivant.

Cependant, j'avais été informé à Paris, et mes Agens judiciaires avaient appris à Édimbourg, que le Royal Défendeur se proposait de quitter l'Écosse, et faisait chercher un asile sur le continent. Sur ces nouvelles qui me furent confirmées, je fis ma déclaration par *Affidavit* devant le Consul Britannique à Paris ; mon Agent le corrobora de son *Affidavit* à Édimbourg, et obtint en conséquence du Bailli Royal de Holyrood Palace, un *Warrant* sur la personne de mon Royal Débiteur, à qui il fut respectueusement notifié, non par un officier du Bailli, mais par mon Agent, qui se contenta de la promesse de Sa Majesté, en ces termes :

« Holyrood House, 5 August 1831.

« To John Russel, esq^re. W. S. Edinburgh.

Sir,

» I am ordered by his Majesty Charles-Philippe de
» France, Comte de Ponthieu, to assure you, that He
» has no intention, at present, of leaving Scotland, or
» of seeking an azilum elsewhere.

» Baron Bourlet.

» *Approuvé,* CHARLES. »

Dans mon respect inaltérable pour mon Royal Débiteur, effrayé, pour Sa Majesté, des rigueurs d'un *Warrant* britannique sur sa personne, je crus devoir en informer les Rois de sa famille, dont il était toujours le Chef, d'autant plus Auguste, qu'il était devenu plus malheureux.

L'un d'entre eux me fit proposer une sorte d'arrangement, qui pourra devenir le sujet d'un Troisième Appendice. Quant à présent, je dois me borner à dire ici, que, sous une condition principale, qui, jusqu'à aujourd'hui n'a pas été remplie, je consentis dans cet arrangement, à me désister de la saisie des voitures, et du bénéfice du *Warrant*: et dans ma confiance dans l'exécution de la condition, dont je viens de parler, et que je réclame en vain depuis le 26 octobre 1831, je donnai ordre à mon Agent à Édimbourg, *de regarder ces saisies et ce* Warrant *comme non-avenus, et de cesser ses poursuites en conséquence.*

Heureusement pour moi, les lois de l'Écosse ne lui ont pas permis de déférer *entièrement* à mon ordre, qui eût entraîné de trop graves inconvéniens, non seulement pour moi, mais pour lui qui, comme mon Mandataire responsable, serait devenu passible de dommages incalculables. Le *Warrant* fut donc mis de côté et regardé comme non-avenu; mais les poursuites ont continué sur le fond, dans le seul but de faire reconnaître et déclarer la dette. Les dits et les contre-dits, vus et revus, se sont échangés des deux parts, selon les formes de la loi.

Pendant ces débats judiciaires, Charles **X**, délivré des liens du *Warrant*, a voulu, et a pu quitter le séjour de l'Écosse; il a fait ses arrangemens de départ; dans lesquels nos Agens mutuels, inquiets pour leurs propres frais, et pour ceux dont la loi les rendait passibles, l'un envers l'autre, comme nos mandataires responsables, sont convenus d'un double *Bond* « *judicatum solvi*, » qui a été donné pour le Roi, par caution, et pour moi, par hypothèque. Ces formalités remplies, le Roi est allé habiter la Bohème.

Cependant la Cour Royale de Paris a prononcé son Arrêt, *in Terminis*, du 15 décembre 1832.— Fort de cette autorité de chose jugée, qui devait nécessairement dicter le Décret de la Cour de Session d'Édimbourg, j'ai cru devoir à mon caractère de donner à mon Royal Débiteur un nouvel et dernier témoignage de mes respectueux égards pour Sa Majesté; j'ai chargé mes Agens à Édimbourg, de proposer aux siens une transaction qui la sauverait de l'affront d'une nouvelle condamnation en Écosse.

Ils s'y sont refusés !

Alors le record des pièces de la procédure s'est fait, les plaidoiries ont eu lieu contradictoirement les 15, 19 et 21 février; et le Lord-Juge de la Cour de Session, *Considering the case as one of great importance, and intimating distinctly his opinion that the French Decree afforded complete evidence of the debt, and that he thought it fully constituted, pronounced the following interlocutor:*

« — *The Lord Ordinary having heard the*
» *Counsel for the parties on the closed record*
» *and whole process, appoints them to pre-*
» *pare mutual cases arguing the whole cause,*
» *to be given in on the first Box-day in the*
» *ensuing vacation: to be seen and interchan-*
» *ged, adjusted, and relodged by the second*
» *Box-day; and then to be transmitted by*
» *the clerck to the Lord Ordinary to be*
» *advised.* »

Paris, 28 Février 1833.

LE COMTE DE PFAFFENHOFFEN.

TROISIÈME APPENDICE.

FAITS ET CIRCONSTANCES DE LA CAUSE

ENTRE

LE COMTE DE PFAFFENHOFFEN,

ET SA MAJESTÉ

LOUIS-PHILIPPE, ROI DES FRANÇAIS.

Quelle est donc ma destinée ? Dévoué à la cause des Rois, et condamné sans cesse à m'attaquer à des Rois, sans cesser de leur être attaché ! Arrivé à la fin de mon seizième lustre, dans l'octantième année de ma vie, je me trouve encore contraint, malgré tous mes efforts pour l'éviter, d'ouvrir une action contre un Roi, après avoir déjà, dans ma longue carrière, obtenu cinq fois, gain de cause sur quatre Têtes couronnées : sur l'Électeur-Palatin de Bavière, Charles-Théodore; sur le Roi d'Angleterre, Georges III, qui, tous deux, ont consenti à soumettre nos différens à des Arbitrages terminés à mon profit; sur le Roi de France, Louis XVIII, qui s'est fait et qui m'a rendu justice lui-même; et sur son infortuné successeur, à qui de perfides Conseillers ont voulu faire subir le scandale des audiences publiques, et la honte des condamnations judiciaires !

Par quel aveuglement, ou quelle fatalité, le Roi des Français, Louis-Philippe, veut-il s'exposer aux mêmes inconvéniens, et m'obliger de recourir à l'autorité des Cours de justice, pour obtenir de lui l'exécution de l'engagement que Sa Majesté a pris avec moi, dans l'art. 4 d'un contrat bilatéral et *secret*, du 26 octobre 1831, négocié par l'entremise et sous la garantie du Chef de son Conseil? Contrat dont j'ai, le jour même de sa date, rempli la condition qui m'y concernait, tellement à mon dam, que je me suis dépouillé d'un gage qui ne peut plus m'être restitué !

Le Roi des Français voudrait-il donc ne pas remplir la sienne? Je ne puis le croire. Un particulier ne l'oserait pas : comment un Roi pourrait-il se le permettre, et oublier à ce point que les conditions d'un contrat bilatéral obligent les contractans, sans acception des personnes, sur le trône comme dans les chaumières.

Sa Majesté se refuse cependant à toutes mes instances, pour l'amener à l'exécution de l'obligation qu'Elle a contractée envers moi, en échange du sacrifice que je lui ai fait ! Elle reste sourde et muette, même sur les sommations respectueuses qui ont été signifiées le 1er. février, dans les formes de la loi, à l'Administrateur que celle du 2 mars 1832 a chargé de diriger les actions qui intéressent le Roi des Français, en son domaine privé ! et cet Administrateur m'a fait signifier, à son tour, le 6 du même mois, un acte par lequel « *il se dit, ès-dits nom et qualité, tout-à-* » *fait étranger à mes prétentions, et proteste,* » *en conséquence, contre mes respectueuses* » *sommations ! ! »*

Serait-ce que le Roi des Français désavouerait le Prête-nom qu'il a autorisé à traiter avec moi, et dont Sa Majesté était le Command ? Ce serait trop lui faire injure que d'en concevoir l'idée, beaucoup plus encore de s'y arrêter. Sur quoi donc se croient fondées les protestations de son Administrateur ?

J'attendrai ce que les suites de mon instance pourront amener et découvrir, et je continue mon récit.

Dans l'action qu'un Arrêt de la Cour Royale de Paris a terminée le 15 décembre dernier, entre le Roi Charles X et moi, et que le Décret de la Cour de session de l'Écosse a confirmé le ainsi qu'on l'a vu dans les deux Appendices qui précèdent, j'ai cru, par un Exposé des

FAITS DE MA CAUSE, devoir me justifier, DEVANT MES CONTEMPORAINS ET LA POSTÉRITÉ, de la nécessité où cet Auguste infortuné m'a mis lui-même de le poursuivre jusque dans ses revers. Je crois de même, en commençant l'action que le Roi Louis-Philippe me contraint à lui intenter, dans sa puissance, devoir révéler les motifs honorables pour lui ainsi que pour moi, quoique secrets par les circonstances, qui ont donné lieu au contrat bilatéral que j'ai rempli scrupuleusement pour ma part, dont je réclame l'exécution pour la sienne, — et qui, je l'espère, m'empêchera de mourir désormais tout entier, par les souvenirs que, selon les prévisions de M. Casimir Périer, l'histoire en gardera à mon avantage.

Ces motifs vont se trouver exposés dans la lettre que j'ai écrite le 25 auguste 1831, au Roi Louis-Philippe, devenu aujourd'hui mon adversaire, par son refus de remplir la condition la plus importante de la convention qu'il m'a admis à contracter avec lui : condition qui m'a fait consentir au contrat, et sans laquelle je n'aurais pas contracté, suivant l'axiôme de droit : « DO UT DES ! »

On a vu dans le précédent Appendice, combien, forcé de poursuivre le recouvrement de ma créance, sous l'empire et la rigueur des lois

Britanniques, j'étais épouvanté moi-même du *Warrant* qu'elles m'avaient accordé, et qui mettait la personne du Roi de France dans ma dépendance! Il me semblait que je devais au respectueux dévouement qui m'attachait à Elle, depuis quarante ans, de chercher à La préserver de la sévérité de ces lois : et je crus y parvenir en informant les Rois, ses parens, des dangers auxquels Sa Majesté se trouvait imminemment exposée. Il me semblait surtout que j'avais lieu d'espérer, qu'étant tous de son sang, tous descendus de Henri IV, tous revêtus de la Dignité Royale, aucun ne se manquerait à soi-même, au point de ne pas venir au secours de Son Cousin, et de laisser à la merci d'un *Warrant*, le Roi qui, pendant six ans, avait été le premier d'entre eux : et qui, dans ses épouvantables revers, était encore l'Oint du Seigneur, et restait toujours le Chef Auguste de leur Auguste Maison!

Audiet terra quæ loquor! et qu'elle apprécie les pactes de famille et les liens du sang!

L'Ambassadeur d'Espagne, Comte d'Offalia, me dit que Son Maître lui avait défendu de rien entendre à ce sujet!!!

L'Ambassadeur de Naples, Prince de Castel-Cicala, me dit et m'écrivit qu'il prendrait les ordres de Son Maître : — et il est mort, sans me les avoir fait connaître !

Ma lettre au Roi des Français, eut un autre résultat : je dois d'abord en donner communication, et la voici :

AU ROI DES FRANÇAIS,

EN SON CONSEIL DES MINISTRES.

Paris, 25 août 1831.

« Sire,

» Dans l'excès des détresses où la dette du Roi Char-
» les X m'a plongé, et qui m'obligent à employer contre
» Sa Majesté les voies judiciaires, afin d'obtenir mon
» paiement : — effrayé de voir sa personne, pour moi
» toujours auguste, déjà condamnée à Paris, exposée
» à Édinburgh à toutes les rigueurs d'un *Warrant* Bri-
» tannique : — et cherchant à prévenir et détourner
» d'Elle la plus déplorable catastrophe, j'ai cru devoir
» informer Votre Majesté et son Conseil de l'Etat des
» procédures, de la situation où elles ont mis mon
» Royal Débiteur, et du sort qui l'attend, s'il n'a pas
» les moyens de satisfaire à la condamnation qui pèse
» déjà sur lui, à celle qui est sur le point de le frapper
» encore, et dont l'exécution est aussi imminente qu'é-
» pouvantable !

» J'ai donc l'honneur d'exposer à Votre Majesté,

» 1° Qu'à Paris, — sur une assignation du 23 de
» juillet 1830, avant-veille des fatales Ordonnances,
» et sur une reprise d'instance, par exploit du 4 mai

» 1831, j'ai obtenu, le 22 du mois dernier, un juge-
» ment duquel je joins ici une copie de laquelle un du-
» plicata a été envoyé en Écosse, pour tel usage que les
» lois permettront, soit par jonction aux pièces du pro-
» cès, soit par demande en *exequatur*.

» Je dois observer à Votre Majesté et à son Conseil,
» que ces copies ne sont point authentiques, parce que
» l'état de misère où je suis réduit ne m'a pas permis de
» payer les frais d'enregistrement; — que, quelques
» instances que j'aie pu employer, et malgré la noto-
» riété de ma pauvreté, la production d'un certificat
» d'indigence, l'invocation de nombreux antécédens
» bien moins favorables, ceux même qui m'ont été four-
» nis par Votre Majesté; l'un, dans le peu de jours
» de sa Lieutenance Générale; l'autre, dans les pre-
» miers mois de son Règne, l'Administration de l'En-
» registrement et des Domaines, qui régit les biens et
» qui perçoit les revenus de mon Royal Débiteur, et
» qui par conséquent est nantie et payée d'avance par
» ses propres mains des droits d'enregistrement, n'a
» pas voulu m'en accorder le *debet!*

» 2° Qu'à Edinburgh, — une seconde action a été
» entamée, devant la Cour de Session, par *summons* du
» 6 de novembre 1830;

» Que le Roi Charles X y a répondu, le 18 de février
» 1831, par de pitoyables défenses, qu'on lui a fait ter-
» miner par les plus pitoyables fins de non-recevoir!

» Que, par décret du 23 du même mois, le Juge,
» réservant de statuer sur les fins de non-recevoir avec
» les mérites, m'a appointé à fournir mes réponses aux
» défenses;

» Que ces réponses « *condescendances* » ont été dépo-
» sées à la Cour de Session, le 28 d'avril;

» Que, par décret du 12 mai, le Juge a continué la
» cause; et par un autre décret, du 28 juin, a appointé
» le Royal Défendeur à fournir ses défenses ultérieures
» au jour correspondant au 29 de septembre, pour, la
» cause être plaidée et jugée au jour correspondant au
» 12 de novembre;

» Que, dans cet état de la procédure, mes agens ont
» été avisés, et j'ai moi-même été informé que le Royal
» Défendeur se proposait de quitter l'Écosse et de cher-
» cher un asile ailleurs;

» Que, sur mon *affidavit* à ce sujet « *in meditatione*
» *fugæ,* » mes agens, aux termes de la loi écossaise, ont
» demandé et obtenu, du Bailly Royal de Holyrood-
» House « a Warrant ordering the Defender to find
» caution *de judicio sisti;* »

» Que le Roi, n'ayant pas pu donner cette caution,
« and thus being carriable in the gaol, » mes agens,
» organes de mon respect pour la Majesté de mon Royal
» Débiteur, ont introduit, le 5 de ce mois, la corres-
» pondance extrà-judiciaire que j'ai l'honneur de mettre
» ici sous les yeux de VOTRE MAJESTÉ.

» Elle y verra comment le Roi Charles X se trouve
» maintenant sous les liens d'un *Warrant*, prisonnier
» sur parole; mais libre, sous la promesse, signée de sa
» main, de ne point chercher à s'évader!

» En appréci nt mes sentimens et mes procédés res-
» pectueux, Elle comprendra que la liberté dont le
» Roi Charles X jouit encore en Écosse, est toute pré-
» caire; et qu'elle ne pourra pas se prolonger au-delà

» des délais de la loi , qui expireront, soit le jour où le
» jugement du 22 juillet aura obtenu son *exequatur*,
» soit le jour où la Cour de Session aura porté son juge-
» ment sur le *summons* du 6 de novembre 1830, en
» conséquence du Décret du 28 juin , et qu'elle aura
» prononcé le *Warrant* « judicatum solvi. »

» Telle est , Sire , la situation actuelle ; tel est aussi
» le sort que les lois de l'Écosse réservent à mon Royal
» Débiteur, dans les actions que la plus impérieuse né-
» cessité , celle de recouvrer mes moyens d'existence,
» et de pourvoir à celle de ma famille , m'a contraint
» d'intenter au Roi Charles X, et me condamne à pour-
» suivre.

» J'ai cru que Votre Majesté, que son Gouverne-
» ment, que la France entière auraient à me reprocher
» de vous laisser ignorer plus long-temps la déplorable
» destinée du Prince qui a régné sur la France, à la
» suite de soixante-dix Rois, ses Aïeux,... Aïeux de
» Votre Majesté !

» L'Europe sait qu'il a dit aux Commissaires qui
» l'ont accompagné, dans sa retraite, jusqu'à Cher-
» bourg; — « qu'il laissait quelques dettes, qu'il se pro-
» posait de payer avec la part qui aurait pu lui revenir
» de la *Casauba* , après avoir affranchi la Méditerranée
» des Corsaires Africains : — et qu'il espérait que la
» France, qui allait profiter de sa conquête, ne le lais-
» serait pas , chez l'Étranger , sous le poids de ces
» dettes. »

» Lorsqu'il est ainsi notoire, qu'en disant à la France
» son dernier adieu, tel a été ce qu'on peut appeler le
» Testament de Mort du Roi de France : ce vœu, sacré
» chez tous les peuples , à ce moment suprême, pour-
» rait-il être repoussé par le Prince, son Parent, placé

» sur son Trône par ceux qui furent ses Sujets, et qui
» tiennent un si haut rang parmi tous les peuples ?

» Je ne puis terminer cet affligeant tableau, sans
» rappeler aux Ministres de Votre Majesté, que la
» Chambre des Députés, dans sa séance du 11 de sep-
» tembre 1830, a adopté l'opinion de sa Commission
» des Pétitions, qui lui avait dit que : « si la masse des
» biens dont l'État a profité, du Chef des deux derniers
» Rois, s'élève à une valeur de plus de 30 millions, leurs
» Créanciers peuvent avoir des répétitions à exercer
» contre l'État, qui aurait recueilli plus qu'il n'a payé,
» par la loi du 21 décembre 1814. »

» Or, les anciens Ministres de la Maison du Roi et des
» Finances, dans une correspondance du 28 janvier
» 1826, ont établi que l'actif des Princes, dont l'État
» a profité, s'élevait alors à une somme de 54,406,649 fr.,
» dont j'ai l'honneur de joindre ici l'extrait sommaire,
» auquel doivent être ajoutés les 8,227,265 fr., que la
» Commission chargée, par la Chambre des Députés,
» de l'examen du projet de loi relatif à la liquidation de
» l'ancienne Liste Civile, a établi rester nets des valeurs
» laissées par Charles X, à son départ, en demandant,
« s'il serait convenable de conserver ces valeurs, au dé-
» triment des Créanciers ? »

» Après ces déclarations aussi précises que solennelles
» de la Chambre des Députés ; et en présence des états
» aussi irréfragables des valeurs dont l'État a profité,
» du Chef des deux derniers Rois, le Gouvernement de
» Votre Majesté, Votre Majesté Elle-même pourrait-
» Elle abandonner, sur le sol étranger, le Monarque
» qui fut celui de la France, en état de banqueroute,
» exposé à toutes les rigueurs d'un *Warrant* Britan-

» nique, sous les liens duquel il se trouve déjà ;.....
« carriable in the gaol ! ! ! »

» Sire, je supplie Votre Majesté de m'accorder acte
» de cette respectueuse et déchirante dénonciation : —
» d'y réclamer une réponse favorable ; — du moins de
» me permettre de m'en prévaloir auprès de la généra-
» tion présente et des générations futures, pour m'y
» affranchir du blâme qu'elles pourraient autrement
» m'imputer du scandale des rigueurs que la loi va exer-
» cer en Écosse, sur le Roi Charles X, si Sa Majesté
» n'est pas secourue et pourvue des moyens de satis-
» faire aux condamnations déjà portées contre Elle ; si
» Elle n'est pas mise en état de se délivrer du *Warrant*
» *de judicio sisti*, » sous lequel Elle se trouve, depuis
» le 5 de ce mois, et qui va être suivi du *Warrant*
» *above*, « *judicatum solvi*. »

» Je suis avec le plus profond respect,

» De Votre Majesté,

» Sire,

» Le très-humble et très-obéissant serviteur,

» Le Comte DE PFAFFENHOFFEN. »

Je ne parle ni de Tibère ni de Trajan : je n'ai
à dispenser ni le blâme ni l'éloge : je n'imiterai
donc ni Pline ni Suétone. Je me bornerai à racon-
ter la vérité avec l'exactitude que je lui dois à
Elle-même, que je me dois à moi-même, que je
dois au Roi, de qui je réclame la justice, que je

dois à ceux à qui s'adresse ce récit, « A MES CON-
TEMPORAINS ET A LA POSTÉRITÉ. »

Peu de jours après la date de ma lettre au
Roi des Français, Sa Majesté envoya l'un des
Secrétaires de ses Commandemens me dire que
M. Casimir Périer était chargé de me commu-
niquer ses intentions.

En effet, le 5 de septembre, je reçus du Chef
du Conseil des Ministres, une invitation à me
rendre chez lui, le 7 au matin.

« Votre lettre, » me dit *en substance* cet
honorable organe du Roi, « a fait le plus grand
» effet sur Sa Majesté: je partage ses sentimens
» et ses intentions : ce ne sera pas sous le Minis-
» tère de Casimir Périer que Louis-Philippe
» laissera appréhender au corps, le Roi Charles X,
» pour quelques cent mille francs : *sauf à con-*
» *venir ultérieurement de ce qu'il y aura à faire*
» *en définitif,* je suis chargé de vous proposer
» provisoirement une somme suffisante pour
» mettre ordre à vos affaires les plus urgentes :
» plus une rente ou pension viagère, telle que vous
» en avez joui sous les derniers Rois: plus l'AIDE ET
» L'APPUI DU ROI ET DE SON GOUVERNEMENT POUR
» VOUS FAIRE PAYER EN FRANCE, QUAND VOTRE
» CRÉANCE Y SERA FIXÉE PAR LES TRIBUNAUX.

» En échange, vous vous désisterez des saisies
» et du *Warrant,* que vous avez obtenus en

» Écosse, sur les voitures et sur la personne du
» Roi Charles X : — et SA PERSONNE SAUVE,
» vous pourrez continuer vos poursuites, pour
» assurer votre créance, partout et comme vous
» le jugerez à propos ; »

» Ne me répondez, en ce moment, ni par oui,
» ni par non : prenez vingt-quatre heures pour
» y réfléchir ; et venez, demain matin, me dire
» votre résolution. »

Je n'attendis point au lendemain ; le même
jour, 7 septembre, j'écrivis, *en substance*, à
M. Casimir Périer :

« Que dans les sentimens du respectueux
» attachement que je conservais pour mon Royal
» Débiteur, j'étais trop heureux d'avoir entendu
» le Chef du Conseil du Roi des Français, pour
» tarder jusqu'au lendemain à lui dire, qu'en
» me réservant de poursuivre judiciairement,
» partout où besoin serait, le remboursement
» de ma créance sur le Roi Charles X, avec tous
» les égards et les ménagemens dont je ne me
» départirais jamais, je renoncerais avec empres-
» sement à exercer toute contrainte par corps,
» sur la personne de Sa Majesté ;

» Qu'en échange, et pour prix de ma condes-
» cendance, j'accepterais, avec reconnaissance,
» la somme qui m'était offerte, pour mettre
» ordre à mes affaires, et particulièrement pour

» délivrer ma montagne du séquestre qui pesait
» sur elle, pour une somme d'environ 100,000
» francs ;

» Que j'accepterais, avec une égale recon-
» naissance, une pension qui, pour être égale à
» celle dont j'avais joui, sous Louis XVIII et
» Charles X, serait de 12,000 francs. »

» Que , QUANT A L'AIDE ET L'APPUI QUI
» M'ÉTAIENT OFFERTS POUR ME FAIRE PAYER EN
» FRANCE, DE MA CRÉANCE SUR LE ROI CHARLES X,
» JE NE LES ACCEPTAIS PAS SEULEMENT ; MAIS QUE
» JE LES EXIGEAIS, COMME *conditio sine quâ*
» *non*, DU SACRIFICE QUE JE FAISAIS DU WAR-
» RANT QUI, SOUS LES LOIS BRITANNIQUES, ÉTAIT
» POUR MOI LE GAGE ASSURÉ DE MA CRÉANCE ;

» Que j'aimais à répéter à M. le président du
» Conseil, que j'étais d'autant plus fier et heu-
» reux, à-la-fois, d'un Traité qui me rendait une
» seconde fois sauveur de la personne d'un Roi,
» hélas ! trop oublieux, mon idole depuis qua-
» rante ans ! que ce dernier acte m'empêcherait
» peut-être de mourir tout entier, et que l'his-
» toire pourrait m'en savoir quelque gré. »

Tout ceci ayant été répété et convenu dans
l'entretien que j'eus le 8 de septembre, avec
M. Casimir Périer, qui s'en rendit le garant, il
en rendit compte au Roi ; et sur l'acquiescement
de Sa Majesté, M. Casimir Noël, Notaire de

M. Périer, fut appelé et chargé de rédiger ces conditions, dans un acte, sous seings privés, dont il fut convenu qu'il resterait dépositaire confidentiel.

Environ six semaines furent employées à cette rédaction, par les circonstances que je vais rapporter.

L'acte rédigé par M. Noël, et remis à M. Périer, fut par lui porté à l'approbation du Roi, qui le lui rendit quelques jours après, avec des modifications, qui changeaient, *à mon préjudice,* la substance des dispositions convenues! — Les 100,000 francs n'y étaient plus un *don,* prix partiel de ma renonciation au bénéfice de mon *Warrant*: ils étaient devenus un simple *prêt,* pour le remboursement duquel le Roi stipulait délégation de pareille somme à son profit, à prélever par préférence, sur les premiers paiemens qui me seraient faits de ma créance, *avec l'aide et l'appui de Sa Majesté!*

M. Casimir Périer me témoigna de l'embarras à m'annoncer cette altération de la première de nos conventions : ses yeux pénétrans cherchaient à découvrir dans les miens, quelle serait ma réponse ; je ne la lui fis pas attendre. Après un premier mouvement bien naturel de surprise, réfléchissant, et croyant apercevoir que, par cette stipulation nouvelle, toute à mon détriment, sans doute, si ma concession eût été une spéculation, le Roi Louis-Philippe allait se trouver personnellement intéressé à m'accorder plus vite l'*aide* qu'il s'obligeait à me prêter pour me faire payer de ma créance, le seul objet de mes désirs : — coutent de la recueillir d'autant plus tôt, je demandai à M. Périer de s'expliquer franchement sur ce point : et il m'assura que l'*aide* qui m'était promise, *serait efficace*, aussitôt que ma créance serait fixée par les Tribunaux : et, sur cette assurance d'un Premier Ministre aussi honorable, fier, en quelque sorte, d'avoir à accorder ainsi, comme au rabais, au Roi des Français, la liberté du Roi de France, je consentis à ce que les 100,000 francs, qui originairement m'avaient été offerts, pour prix partiel, et comme une sorte de pot-de-vin de ma concession, devinssent un *simple prêt!* — Un second acte fut rédigé en conséquence.

Porté à l'approbation du Roi, il lui convint d'y faire encore un changement, *à mon préjudice!* Il voulut que la rente ou pension, qui n'avait point été stipulée à 12,000 francs, mais à 10,000 francs, ne fût plus même viagère, comme il avait été convenu. (Je touchais pourtant alors aux quatre-vingts ans, dans lesquels je suis entré depuis!) Mais Sa Majesté voulut que cette pension cessa au moment, où *son aide m'aurait fait payer de ma créance!*

M. Casimir Périer m'avoua, cette fois, qu'il n'était pas seulement embarrassé, mais honteux d'avoir à m'annoncer cette nouvelle *et pitoyable* altération! (Ce sont ses termes.) Mais après avoir si facilement cédé à la première exigence de Sa Majesté, il m'en coûta peu de consentir à cette seconde; surtout dans mon idée fixe, d'obtenir, *avec l'aide Royale,* un plus prompt paiement de toute ma créance.—Un troisième acte a donc été rédigé en conséquence.

Le dirai-je? Et pourra-t-on m'en croire? Ce troisième acte a encore été altéré de la main du Roi des Français!

Ce ne fut plus avec embarras ni honte, mais avec une sorte de dépit que le franc et loyal M. Casimir Périer m'apprit que Sa Majesté demandait encore que les arrérages que j'aurais touchés, de ce qui devait être originairement une rente viagère, ou pension, lui fussent remboursés, avec les 100,000 francs qui, originairement, devaient être l'espèce de pot-de-vin de la convention par laquelle je me désistais du *Warrant* obtenu sur la personne du Roi Charles X! ! ! M. Périer, je le répète, me dit avec un dépit expressif, ces propres paroles: « Je ne sais, en » vérité, où me cacher! J'espère pourtant que

» vous ne m'imputerez pas le f.... rôle qu'on me
» fait jouer :—j'espère même que vous conti-
» nuerez à vous montrer plus grand que les plus
» grands ! »

Je l'embrassai, et avec un sourire, que chacun
qualifiera facilement, je lui dis « Après avoir
» déjà accordé de rembourser 100,000 francs
» qui, selon les propositions originaires du Roi,
» n'étaient pas remboursables, je ne m'arrêterai
» pas à disputer sur quelques mille francs de
» plus : et je consens, d'autant plus volontiers,
» à ce nouveau remboursement, qu'il me tien-
» dra quitte de toute reconnaissance, et que je
» pourrai dire que :

« Jamais rançon de Roi ne fut à si bas prix,
» Ni si mesquinement au rabais marchandée ! »

» Mais Morbleu ! (Vous voyez que je sais aussi
» jurer dans les grandes occasions !) mais Mor-
» bleu, qu'on me tienne au moins loyalement
» parole, sur l'article principal, qui me fait
» passer plus facilement sur le reste : QUE SA MA-
» JESTÉ TIENNE SA PROMESSE DE M'AIDER DE TOUS
» LES MOYENS CONVENABLES ET NÉCESSAIRES DE ME
» FAIRE PAYER ENTIÈREMENT ET PROCHAINEMENT
» DE MA CRÉANCE. »

« Oh ! pour celui-là, S.... D..., vous pouvez
» y compter, me répliqua M. Casimir Périer,

» je vous le promets, et vous en suis garant :
» laissez seulement fixer votre créance par les
» Tribunaux. »

L'acte a donc été rédigé, en double, pour la
quatrième fois : daté du 26 octobre 1831 ; il a
été signé par moi, et par . . . . . un homme de
paille !

Je me récriai sur cet homme de paille.

« Eh ! F..... ne suis-je donc pas là, me dit
» M. Casimir Périer, pour vous répondre de
» tout : ce n'est point un piége, ni un guet-à-pens
» qui vous est tendu : on ne veut pas vous trom-
» per : tout ceci est de confiance, d'honneur et
» de bonne foi, entre le Roi, vous et moi, qui
» vous suis garant pour lui, à tout événement.
» Cependant nous avons à nous entendre et
» recorder sur un point, à l'occasion des derniers
» mots « *conformément aux lois*, » que le Roi
» vient d'ajouter de sa main, à l'article où il
» vous promet *son aide* pour vous faire payer.
» Ces trois mots sont assez difficiles à compren-
» dre : car il est bien certain que quand vous
» aurez jugement, qui aura fixé votre créance,
» et ordonné son paiement, le Roi ne violera pas
» les lois en vous aidant de tous les moyens
» nécessaires pour vous faire payer. Cependant
» j'ai à vous répéter ce que nous nous sommes
» déjà dit que, du temps qui se passe, il peut

2..

» arriver telles circonstances qui ne permet-
» traient pas qu'on vous *aide* à vous faire payer,
» sans s'exposer à de graves inconvéniens:—Con-
» venons donc sur ce point, et puisque l'acte est
» signé, que nos paroles réciproques suffisent;
» convenons que, le cas échéant, le Roi pourra
» s'affranchir de l'obligation de vous *aider*, par
» un arrangement définitif, entre vous et lui, où
» *il se montrera aussi généreux et magnanime,*
» *qu'il vous a trouvé et qu'il vous trouvera de*
» *facile composition.* »

Telle est *la substance* des explications qui ont eu lieu à la signature de notre convention, et qui m'ont été répétées depuis par M. Périer, notamment dans notre entretien du 27 janvier 1832, le dernier que j'eus avec cet homme honorable et regrettable à tant de titres! — *J'y ai donné mon entière adhésion;* sur quoi, nous nous donnâmes la main; par où fut scellé ce contrat « *bonæ fidei,* » auquel fut joint un écrit séparé, de la main du Roi, par lequel Sa Majesté avouait son prête-nom, le sieur Édouard Arnold : et le tout est resté déposé confidentiellement entre les mains de M. Cas. Noel, avec la clause que si l'un ou l'autre des contractans avait à user de l'acte, judiciairement ou autrement, les frais d'enregistrement seraient à la charge de Sa Majesté.

Je crois devoir répéter que les différentes rédactions de cet acte, devenu un véritable salmigondis, par les incohérences des termes qu'il a conservés de sa première rédaction, avec la dernière, ont duré depuis le 10 de septembre jusqu'au 26 octobre : et y ajouter, que M. Cas. Noel y a employé dix à douze journées entières, arrachées à son étude, passées au ministère, à écrire ces quatre actes de sa main, à quoi je lui servis de second, pour les doubles : et que la générosité Royale lui a fait payer ses honoraires, par un billet de 1000 francs, auquel j'ai cru devoir modestement ajouter une promesse du double, lorsque l'obligation du Roi, de me faire payer, serait accomplie !

Le jour de la signature du contrat, j'ai touché les 100,000 francs stipulés comme prêt : j'ai touché depuis les quartiers de la rente, qui ne sont plus que des avances remboursables.

Le même jour, j'ai expédié, à mon Agent en Écosse, par l'office du Consulat Britannique, l'ordre, visé par lui, de me désister des saisies-arrêts opérées sur les voitures, et du *Warrant* obtenu sur la personne du Roi Charles X; et par ce désistement, mon obligation du contrat, du 26 octobre 1831, avec le Roi Louis-Philippe, a été complètement remplie : le Roi Charles X a pu dès lors, ainsi qu'il l'a jugé à propos, jouir de sa liberté, et user de ses voitures, pour quitter le Palais des Rois d'Écosse, et aller habiter le Palais des Rois de Bohême.

Me reposant désormais sur l'obligation que le Roi Louis-Philippe avait contractée, « DE M'AIDER » DE TOUS LES MOYENS CONVENABLES, ET CONFOR- » MÉMENT AUX LOIS, DANS LE RECOUVREMENT DE » MA CRÉANCE EN FRANCE, » j'en ai pressé d'autant plus la procédure dont le résultat devait être de la fixer : et l'on a vu à la fin de l'EXPOSÉ ci-dessus, et à la fin du premier Appendice, la Sentence et l'Arrêt « *in terminis*, » qui ont été prononcés les 9 mars et 15 décembre 1832, et qui, en fixant ma créance, « ont ordonné que les con- » damnations prononcées contre le Roi Char- » les X, ne pourraient être mises à exécution » que sur l'usufruit des forêts, comprises dans » la donation faite par lui, au feu Duc de » Berri, le 9 novembre 1819; et sur les autres » biens et valeurs, qui lui appartenaient déjà, » avant son avènement au Trône. »

Mais cet usufruit, si minime en lui-même, et si insuffisant pour payer les créanciers de ma catégorie, est encore revendiqué par le Domaine, comme propriété de l'État! — Et, des autres biens et valeurs qui appartenaient au Roi Charles X, avant son avènement au Trône, le seul, à peu près, que l'on connaisse, sont les

Écuries, dites d'Artois, que la loi du 2 mars 1832 a réunies à la dotation de la Couronne du Roi Louis-Philippe! — J'ai donc peu à espérer de cet usufruit et de ces biens.

Cependant au nombre de ces biens, il semblait que l'on pouvait comprendre, et par conséquent que je pouvais espérer de me récupérer sur les indemnités que mon Royal Débiteur ou ses créanciers paraissaient avoir droit de réclamer, par la loi du 27 avril 1825, pour les portions des biens du Comte d'Artois, vendus en vertu des lois révolutionnaires, qu'un rapport du Ministre de la Maison du Roi, à celui des Finances, en date du 28 janvier 1826, a évalués à 3,458,410 francs : on sait que cette loi a procuré à Louis-Philippe, duc d'Orléans, plus de 9,000,000! — Mais voilà que, par un Arrêt de son Conseil-d'État, du 7 juillet 1832, le Roi Louis-Philippe a déclaré que le Roi Charles X et ses créanciers n'avaient rien à y prétendre!!! Y a-t-il donc, dans la France Constitutionnelle, et sous l'empire de la Charte-Vérité, deux poids et deux mesures, selon les temps et les personnages? — Et par cet *Arrêt*, malgré les décisions des deux Chambres Législatives, qui, sur les rapports de M. le Comte d'Argout et M. de Vatimesnil, relatés dans l'exposé ci-dessus, page 74, ont confirmé un autre Arrêt du Conseil-d'État du 14 septembre 1818, aussi relaté ci-dessus, page 75, lequel a prononcé que « l'État » est tenu au paiement des dettes du Roi, en » proportion de la valeur des biens dont la réu-» nion s'est opérée par son avèuement. » — Par l'Arrêt, dis-je, du 7 juillet 1832, je me trouve privé de tout moyen de mettre à exécution, en France, les condamnations prononcées à mon profit, contre le Roi Charles X, à qui on ne connaît aucunes propriétés, sur lesquelles je puisse les exercer.

Je n'ai cependant renoncé au bénéfice du *Warrant* que j'avais obtenu en Écosse, sur la personne de mon Royal Débiteur ; je n'ai fait le sacrifice du gage et de la garantie de sa dette, que sur la foi des promesses du Roi Louis-Philippe, et sur l'obligation qu'il a contractée, envers moi, de me faire payer cette même dette en France, aussi intégralement et aussi promptement qu'elle m'aurait été payée en Écosse! Car, dans la bouche d'un Roi et de son premier Ministre, ces mots : « Nous nous obligeons à vous » aider de tous les moyens convenables, dans le » recouvrement de votre créance, » peuvent-ils s'interpréter autrement que par ceux-ci : « Nous » nous obligeons à vous faire payer? » Peuvent-ils, surtout, s'interpréter autrement, quand, dans ce même contrat, je me suis dépouillé des moyens de me faire payer ailleurs ? Et quand le premier Ministre, y a ajouté ce commentaire : « Certes ! Il ne sera pas dit que sous le Ministère » de Casimir Périer, le Roi Louis-Philippe a » laissé appréhender au corps le Roi Charles X, » pour quelques cent mille francs ! Et le Roi » des Français ne permettra pas que vous ayez » à regretter l'acte de confiance par lequel vous » lui avez accordé la liberté de son Cousin, et » abandonné le gage de votre créance ? »

J'ai dix fois rappelé ces dits et ces faits aux souvenirs du Roi, mon Co-Contractant : qu'on juge de quelles sollicitations je les ai accompagnés, et par quelles instances j'ai réclamé *l'aide* à laquelle Sa Majesté s'est obligée envers moi.

Déjà par lettre du 31 d'octobre 1831, « j'avais » remercié Sa Majesté d'avoir bien voulu s'asso-» cier à moi ou m'associer à Elle, pour sauver » un Auguste Infortuné des plus cruels affronts, » et mes biens d'une vente judiciaire : . . . . . » Sire, lui disais-je, il m'a été promis d'être *aidé* » par tous les moyens convenables et légaux, » dans le recouvrement de ma créance : j'ai rem-» pli mon engagement, je réclame l'exécution du » vôtre, et j'ai l'honneur d'adresser à Votre » Majesté un Mémoire, dont je la supplie de » faire le renvoi à M. le Ministre des Finances,

» et de vouloir bien lui en parler avec intérêt,
». etc. »

Je crois devoir donner en entier ma lettre du
12 janvier 1832, où je ne suppose au Roi que
des sentimens dignes d'un Roi; la voici:

AU ROI DES FRANÇAIS.

12 Janvier 1832.

« Sire,

» Je crois devoir informer Votre Majesté que ma
» cause contre le Roi Charles X, appelée hier à l'au-
» dience de la première Chambre du Tribunal Civil de
» première instance, a été remise au mercredi 18, pour
» y être plaidée contradictoirement.

» Sire, c'est le moment où je dois obtenir de Votre
» Majesté *l'aide et l'assistance* qui m'ont été promises,
» par le contrat où je me suis désisté de la contrainte
» par *Warrant*, contre mon Royal Débiteur.

» Mais tout en réclamant *cette aide et cette assistance*,
» c'est aussi le moment de vous faire quelques observa-
» tions, qui mériteront peut-être d'être appréciées par
» Votre Majesté.

» Ces noms de Roi de France et de Bourbon; ces
» Règnes de mille ans, uniques dans les annales du
» Monde, ont fait sur moi, depuis ma naissance, l'effet
» d'un talisman d'autant plus sacré que j'ai l'ochlocratie
» plus en horreur.

» C'est ce respect pour le titre auguste de Roi et pour
» le nom de Bourbon, qui m'a fait concourir, *sans mar*

» *chander*, avec Votre Majesté, à sauver la personne
» de Charles X, de la rigueur des lois britanniques.

« Rançon de Roi ne fût jamais à si bas prix. »

» — Et c'est ce même respect, pour Vous et pour Lui,
» qui, à la veille du scandale qui va surgir des révéla-
» tions que les plaidoiries vont divulguer, me fait un
» devoir de prier Votre Majesté de considérer s'il ne
» lui importe pas à Elle-même, s'il n'importe pas à son
» honneur comme à sa gloire, d'épargner à Charles X
» la honte de leur publicité, et de lui sauver l'honneur,
» que je lui ai déjà sauvé en 1792, par l'acte qui m'a
» constitué le créancier des deux Princes, alors Fils de
» France.

» Je dis mon respect pour vous, Sire, autant que
» mon respect pour Charles X. — Car, sans remonter à
» saint Louis, qui, au lit de mort, recommandait à son
» fils de rechercher les dettes de ses prédécesseurs, pour
» les acquitter; Henri IV, Votre autre Aïeul, et celui
» de Charles X, a fait payer les dettes de Henri III,
« parce que, disait-il, il y allait de son propre honneur,
» autant que de la réputation de son prédécesseur. »
» J'invoque auprès de Votre Majesté les grands
» exemples de ses Immortels Aïeux, qui vous disent
» que le paiement d'une dette « *pudibonde* » comme la
» qualifiait Louis XVIII, et dont la publicité tache-
» rait à jamais la réputation du dernier Roi de France,
» importe à Votre propre honneur, autant qu'à celui
» de Charles X; et surtout du temps qui se passe, où
» l'honneur de votre Couronne, est, en ce point, so-
» lidaire de celle qu'il a perdue, et qui ne le protége
» plus.

» Charles X n'a pas seulement été Votre prédécesseur
» sur le Trône où vous êtes assis. — Dans sa chute, il
» est encore le Chef de Votre Maison, l'Aîné des Des-
» cendans de saint Louis, et de ce Henri IV, ce mo-
» dèle des Rois, qui a mis son honneur à payer les
» dettes de Henri III. — Le déshonneur de Charles X
» peut-il ne pas rejaillir sur Vous ?

» Prenez la peine, Sire, de lire ce que je lui écri-
» vais, le 8 de février 1829, et que j'ai l'honneur de
» mettre ici sous les yeux de Votre Majesté.

» Elle y verra combien la dette dont je réclame le
» paiement doit être tenue secrète ! — Eh ! que sera ce,
» quand la publicité des plaidoiries (quelque retenue
» qu'y mette mon honorable avocat) va la livrer à tous
» les débordemens du journalisme le plus effronté, et de
» cette ochlocratie effrénée qui porte ses outrages contre
» Vous-même, jusque dans le sanctuaire de la justice,
» et que tous les talens de votre Sully ont tant de peine
» à réprimer : — de ce Sully de Louis-Philippe, qui
» n'est pas seulement un Atlas supportant un Trône
» assiégé de mille tempêtes; mais qui est aussi Hercule,
» tantôt vainqueur d'hydres aux cent têtes, sans cesse
» renaissantes, et tantôt réduit à netoyer jusqu'aux plus
» dégoûtantes étables !

» En priant Votre Majesté de considérer si l'intérêt
» de son propre honneur et de sa gloire personnelle,
» et si l'exemple de Henri IV, lui permettent de laisser
» couvrir d'opprobres, son Prédécesseur, son Parent,
» le Chef de sa Maison, — je lui demande la permission
» de m'associer encore à Elle pour la belle et honorable
» action que j'ai l'honneur de lui proposer, en bornant
» ma créance à ses capitaux et intérêts, et faisant l'a-

» bandon des dommages et pertes énormes qui font
» plus que doubler ces capitaux, et dont la loi m'ac-
» corde le remboursement.

» J'o e espérer que Votre Majesté imitera son Im-
» mortel Aïeul, et qu'Elle me permettra de l'inviter à
» prendre tels termes qui lui conviendront; de mois en
» mois, de trimestre en trimestre;..... dans la soixante-
» dix-neuvième année de mon âge, il ne m'est pas per-
» mis de dire davantage.

» C'est mercredi prochain, 18, que la cause doit
» être commencée; Me Parquin, plaidant pour moi;
» Me Guichard, pour Charles X. Ce sont ces plaidoyers
» qu'il est important de prévenir. Je demande à Votre
» Majesté de me faire connaître ses intentions. Si Elle
» accueille mes ouvertures, Elle me trouvera à ses or-
» dres; — le procès sera terminé, et les pièces anéan-
» ties.

» Si Elle en juge autrement, je réclame l'exécution
» de mon contrat, *l'aide et l'assistance* qui m'y ont
» été promises, — conformément aux lois.

» Je ne crois pas avoir besoin de dire à Votre Ma-
» jesté que, de même que le contrat n'est connu de
» personne, que de son dépositaire, cette lettre n'a de
» confident que la main qui l'a écrite, et les sentimens
» qui l'ont dictée.

» Je suis avec un très profond respect,

» De Votre Majesté,

» Sire,

» Le très humble et très obéissant serviteur,

» Le Comte DE PFAFFENHOFFEN, »

Je vais encore donner en entier ma lettre du
25 janvier 1832. J'ai trop à m'honorer des sentimens que j'y ai exprimés à Sa Majesté, pour en
rien supprimer.

AU ROI DES FRANÇAIS.

Paris, 25 janvier 1832.

« SIRE,

» Le Tribunal de première instance a entendu aujour-
» d'hui l'exposé des faits dans l'affaire des héritiers Ma-
» gou La Balue et dans la mienne, contre le Roi Char-
» les X, dont l'avoué, en l'absence de ses avocats, a
» demandé la remise à huitaine, pour entendre ses dé-
» fenses par MM. Berryer et Guichard.

» M. Parquin, mon avocat, a suivi mes instruc-
» tions : rien n'est sorti de sa bouche qui ait pu prêter
» au scandale. Le Journalisme était aux aguets : je l'ai
» vu désappointé, s'ajourner aussi à huitaine.

» SIRE, destiné à vivre dans l'histoire, vous ne pouvez
» vous refuser à rien de ce qui est grand, noble, royal
» et magnanime ; à rien, de ce qui a illustré les plus
» illustres de vos Aïeux, dont je vous ai dernièrement
» retracé les exemples. Vous pouvez encore moins
» laisser imparfait, ce que vous avez honorablement
» commencé. Vous ne pouvez pas enfin laisser avilir,
» dans ses revers, par la publicité d'une condamna-
» tion honteuse, celui qui est toujours le Chef de Votre
» Auguste Maison, et de qui je vous ai aidé à sauver la
» liberté.

» Sire , je suis toujours prêt à vous aider à faire
» davantage.

» Si jamais rançon de Roi ne fut à si bas prix : si j'ai
» lieu de m'honorer, d'avoir, dans mes misères, con-
» couru avec Votre Majesté, à cette belle action,
» et d'avoir consenti à tout ce qu'Elle a exigé de moi,
» j'ai peut-être quelques droits, Sire, à Vous inviter,
» à Vous supplier, à Vous adjurer de l'achever, et de
» Vous dire que je suis disposé à m'associer encore à cet
» acte magnanime, par d'énormes sacrifices, avant
» l'esclandre que la discussion va amener, et à laquelle
» j'ai vu le Journalisme se préparer pour la prochaine
» audience.

» Sire, daignez consulter l'intérêt de Votre gloire :
» ne vous refusez pas à un acte de générosité qui pla-
» cera, dans l'histoire, Votre nom à côté de celui de
» Henri IV, à qui Elle ne vous pardonnerait pas de
» n'avoir pas voulu ressembler : car Elle saura que j'ai
» eu l'honneur de vous en offrir l'occasion !

» Ce langage austère peut, sans doute, m'être per-
» mis, dans la soixante-dix-neuvième année de mon âge,
» quand j'offre à Votre Majesté le sacrifice de près
» d'un demi million, pour Vous sauver du blâme de
» l'histoire, et Vous y acquérir un titre à la gloire.

» A qui, plus qu'au Roi des Français, à qui, autant
» qu'à Votre Majesté, pourrait il convenir d'en sacri-
» fier autant pour obéir au précepte, « *non sunt dete*
» *genda regis verenda*, » surtout quand ce Roi a été
» son Roi ; qu'il est encore le Chef de sa Maison, et que
» ses revers, dont Elle profite, le rendent plus sacré,
» pour Votre Majesté, que pour le reste des mortels.

» Si Votre Majesté se refuse à mes respectueuses

» instances, Elle me donne droit de réclamer et de
» requérir *l'aide et l'assistance* qui m'ont été promises
» par le contrat du 26 octobre, dont les dispositions
» sont d'autant plus sacrées, qu'il est et qu'il restera
» plus secret.

 » Je suis, etc.

   » LE COMTE DE PFAFFENHOFFEN. »

En conséquence des deux lettres qu'on vient
de lire, je fus invité à me rendre chez M. le Chef
du Conseil, avec qui j'eus, le 27 janvier, un entretien qui fut le dernier avec cet homme si éminemment regrettable. J'en ai rendu compte au
Roi dans une lettre du 20 mai, qui se trouvera
relatée plus bas.

Le 9 mars suivant, le Tribunal de première
instance a rendu la Sentence, rapportée textuellement ci-dessus, pages 77 et suivantes de mon
Exposé.

Tombé malade le même jour, j'écrivis au Roi,
dans ma convalescence, la lettre, dont voici un
extrait.

AU ROI DES FRANÇAIS.

Paris, 25 avril 1832.

« SIRE,

» Quand l'état de santé de M. Casimir Périer ne lui
» permet pas encore de m'entendre, échappé, comme
» lui, à une autre maladie que la sienne, et dont la con-

» valescence ne commence qu'à son cinquantième jour,
» j'essaie mes premières forces, à rendre directement
» compte à Votre Majesté de ma situation avec le Roi
» Charles X, tant en France qu'en Écosse, où Elle est
» également urgente et difficile, d'une part, par les dé-
» marches où l'entraînent les déplorables conseils des
» Guichard et des Berrier, auxquels il s'est livré; et qui,
» dans les odieuses défenses qu'ils lui suggèrent, déver-
» sent sur Sa Majesté la honte et l'avilissement; et
» d'autre part, par les doutes qui s'élèvent et s'accrois-
» sent, chaque jour, sur les biens que Sa Majesté peut
» avoir laissés en France.

» Telle est, Sire, la double situation de ma double
» action contre mon Royal Débiteur, à Édimbourg et
» à Paris. Mon affliction est à son comble!

» Permettez-moi maintenant de vous présenter l'af-
» faire telle qu'elle sera dans quelques semaines, c'est-à-
» dire, vers la fin de mai ou dans le courant de juin,
» quand la Cour de Session d'Édimbourg, et la Cour
» Royale de Paris, auront prononcé leurs Arrêts, et que
» j'aurai à chercher sur quoi exercer leur exécution.

» La Sentence du 9 mars a considéré la Liste Civile
» du Roi Charles X, comme exclusivement consacrée à
» la splendeur du Trône, et hors des atteintes des
» créanciers du Prince : en conséquence elle ne m'a pas
» permis de toucher à ce que sa Liste Civile peut avoir
» en actif, excédant son passif. Peut-être serait il per-
» mis de demander ce que deviendra cet excédant, et
» pourquoi, appartenant au Débiteur, qui aura droit de
» se le faire remettre, et qui n'a plus de Trône à qui
» donner de la splendeur. Il pourrait en jouir au préju-
» dice de son créancier? Mais sans entrer ici dans cette

» question, et me bornant aux dispositions de la Sen-
» tence, elle n'a livré à ma disposition que les biens dont
» Charles X jouissait avant son avénement au Trône,
» et que l'usufruit dont la jouissance lui est conservée.

» Mais ces biens et cet usufruit sont loin de pouvoir
» suffire au paiement des dettes qui me précèdent et de
» la mienne, à moins d'y rappeler et d'y rejoindre ceux
» qui, provenant des Princes mes Codébiteurs, ont été
» réunis à la dotation de la Couronne, par les lois du
» 15 janvier 1825, *et du 2 mars 1832.*

» Je vois par des notes officielles, authentiques, par
» des rapports du Ministre de la Maison du Roi, à celui
» des Finances, du 28 janvier 1826, et par le rapport
» d'une Commission spéciale du 12 février 1831, à la
» Chambre des Députés,

» Que Louis XVIII, mon Codébiteur, solidaire avec
» Charles X, a enrichi les musées royaux d'objets
» d'arts d'une valeur de plus de. . . 2,000,000 fr.
» Qu'il a acquis un grand nombre d'im-
» meubles, que les lois du 15 janvier
» 1825, *et du 2 mars* 1832, ont réunis
» au domaine de la Couronne, d'une
» valeur de plus de. 3,000,000
» Que Charles X a enrichi les musées
» royaux d'objets d'arts d'une valeur
» de plus de. . . . . - . 3,000,000
» Que les Écuries d'Artois, réunies au
» domaine de la Couronne par les
» mêmes lois, sont d'une valeur de plus
» de. 1,200,000
                                    ——————
                      A reporter 9,200,000

D'autre part 9,200,000

» Enfin que la Bibliothèque de l'arse-
» nal, provenant du Comte d'Artois, et
» réunie de même, est d'une valeur de
» plus de. 1,500,000
____

» Voilà donc une masse de valeurs de
» plus de. . . . . 10,700,000 fr.
» dont la Couronne de Votre Majesté a été dotée : dont
» Elle profite, et dont Elle a la jouissance.

» Pourrait-Elle en profiter et en jouir ainsi, sans
» venir au secours de celui à qui, en traitant avec lui
» de la liberté personnelle de Charles X, pour qu'il
» n'exerce son action contre Sa Majesté que sur ses biens
« en France, Vous avez promis *aide et assistance* pour
» le faire payer sur ces mêmes biens, comme suffisans
» à son paiement ?

» En délivrant la Personne Royale de Charles X de
» la rigueur des lois de l'Écosse : en me soumettant à ce
» que Votre Majesté a exigé de moi : en consentant à
» ne me faire payer que sur les biens de mon Royal Dé-
» biteur en France, j'ai dû croire et j'ai cru que rien de ses
» biens n'en serait distrait; que tous seraient mon gage et
» ma garantie, et que ma créance me serait payée en son
» entier. Votre Majesté n'a pas pu l'entendre autre-
» ment; j'en appelle à Elle-même, et à M. le Président
» du Conseil, son organe envers moi.

» Quand je me réfère auprès d'Elle au contrat du 26
» octobre, je dois lui répéter qu'il n'est (de ma part
» du moins) connu de personne; pas même de mes
» conseils judiciaires, ni de mon propre frère : enfin de
» personne. Ainsi, sans avoir pu consulter personne,
» dans la situation aussi urgente que délicate et difficile

3..

» de mon affaire, je ne prends conseil que de moi-
» même, en réclamant de VOTRE MAJESTÉ, non plus
» seulement qu'Elle me prête *l'aide et l'assistance* que
» ce contrat m'a promises, en termes exprès, pour être
» payé en France de l'intégrité de ma créance, mais
» encore (ce qui est une conséquence morale, équita-
» ble et nécessaire de cet accord de bonne foi mutuelle),
» que, jouissant, par la dotation de sa Couronne, de
» portions aussi notables des biens de mon Royal Dé-
» biteur, VOTRE MAJESTÉ termine avec moi, par un
» arrangement digne d'Elle et de sa Couronne, le paie-
» ment de ma créance, qui s'élève à plus de 1,100,000
» francs; que, pour parvenir à cet arrangement, je
» suis prêt à réduire à 800,000 francs, à tels termes qui
» pourront s'accorder avec mes besoins, mon âge de
» soixante-dix-neuf ans, et les convenances de VOTRE
» MAJESTÉ.

» Si, quand les biens libres de mon Royal Débiteur,
» en France, ne suffisent pas pour me payer, VOTRE
» MAJESTÉ se refusait à cet arrangement, Elle ne le
» pourrait qu'en me déliant du contrat du 26 octobre,
» et en me rendant la personne de mon Royal Débi-
» teur.

» A part ce contrat du 26 octobre, qui reste et res-
» tera ignoré, mais qui, précaire et provisoire en quel-
» que sorte, attend de VOTRE MAJESTÉ un résultat com-
» plémentaire entre Elle et moi, que M. le Président
» ne m'a pas promis expressément, mais qu'il m'a donné
» lieu d'espérer (27 janvier), les exemples que Henri IV
» a laissés et que l'histoire a consacrés à sa gloire, pour-
» raient-ils donc être perdus pour son Petit-Fils, des-
» tiné à vivre aussi dans l'histoire? Ce grand Roi

» n'était stimulé par aucune loi , quand, n'écoutant que
» sa belle âme, il a fait payer les dettes de son prédé-
» cesseur, *« parce qu'il y va de notre propre honneur ,*
» disait il à son Parlement , *autant que de la réputation*
» *de notredit Seigneur et Frère.* » Après ce Royal et
» magnanime exemple de son Immortel Aïeul, il est
» impossible que Votre Majesté prête à dire, à ses
» contemporains et à la postérité, qu'en vertu des lois
» du 2 mars et du 10 avril dernier, sanctionnées et
» promulguées par Elle, Elle a su jouir des dépouilles
» de son Prédécesseur, de son Cousin, du Chef de sa
» Maison, et le bannir!!! Mais non venir à son secours,
» envers son malheureux créancier!!!

» Ah! pardonnez, Sire, pardonnez à mon âge, à ma
» cause, au nom de Henri IV, et au contrat du 26 oc-
» tobre, l'austère représentation qui vient de m'échap-
» per.

» L'avouerai-je à Votre Majesté? Lors de ce contrat
» du 26 octobre, je n'ai pu me défendre d'une sorte de
» fierté, d'avoir la personne de mon Royal Débiteur à
» ma disposition , et de lui accorder la liberté, *qui*
» *m'était marchandée au rabais!!!* Mon rôle était si
» beau, si noble, si grand, si généreux, que Vous me
» pardonnerez d'avoir pu m'en enorgueillir. Mais,
» Sire, n'est-il pas temps que Votre Majesté reprenne
» celui qui lui appartient, et qu'Elle consente à traiter
» maintenant en Roi, avec l'humble créancier de son
» Prédécesseur, qui, à ce titre de créancier, armé de
» sentences et d'arrêts, contre son Royal Débiteur, a
» des droits sur ce qui lui a appartenu, qui n'a pas pu
» cesser de lui appartenir, au préjudice de son créancier
» (*nam nemo liberalis, nisi liberatus*), et qui constitue

» aujourd'hui la dotation de la Couronne de Votre
» Majesté, « sauf les droits imprescriptibles, réservés
» aux créanciers, par l'Édit mémorable de Henri IV,
» de 1607.

> » Je suis, etc.
>> » Le Comte DE PFAFFENHOFFEN. »

P. S. « J'apprends en ce moment que l'administra-
» tion des domaines de l'État, se propose de revendi-
» quer l'usufruit sur lequel la sentence du 9 mars a éta-
» bli mes droits ! Il ne me resterait donc rien sur quoi
» les exercer ! Le contrat du 26 octobre serait donc à-la-
» fois une dérision et une déception !!! Sire, j'en appelle
» à la probité, à la bonne foi de Votre Majesté, je la
» conjure, je j'adjure de me faire justice. C'est avec
» l'autorité de Henri IV, que je vous supplie d'avoir
» pitié de la réputation de votre Prédécesseur : « *il y*
» *va de votre propre honneur,* » ce sont les propres
» paroles de Henri-le-Grand. »

En réponse, le Roi m'a fait dire, le 28 avril,
qu'Il me remerciait de ma lettre du 25, qu'Il la
remettrait à M. Périer dès que sa santé lui per-
mettrait de s'en occuper. — Qu'un sentiment de
respect pour la Personne du Roi Charles X, Lui
avait fait désirer qu'Elle puisse jouir de sa liberté; et qu'Il s'applaudissait d'avoir trouvé en moi
des sentimens qui ont répondu aux Siens : —
Que Roi constitutionel, il lui était difficile de
donner des ordres; mais qu'Il s'était expliqué de
manière à ce qu'il ne soit jamais ni par le Do-

maine, ni par d'autres, porté atteinte aux droits du Roi Charles X, sur son usufruit et ses autres biens, sur lesquels je pourrais exercer mes droits : — Que du reste Il se référait à la convalescence de M. Casimir Périer, pour répondre plus pertinemment à ma lettre : — Que j'étais toujours libre d'exercer mes poursuites à Edimbourg et à Paris, en continuant à respecter la personne et les effets du Roi Charles X. — etc., etc.

Sa Majesté promettait donc, le 28 avril, de référer à M. Casimir Périer ma lettre du 25. Mais, hélas ! ce grand Ministre a été enlevé à la France, à l'Europe, au Monde; — et je crus devoir écrire au Roi, la lettre suivante :

AU ROI DES FRANÇAIS,

Paris, 20 Mai 1832.

« Sire,

» Dans mon affliction personnelle, et dans le deuil gé-
» néral de tous les gens de bien, j'ai cru devoir laisser
» achever les obsèques de M. Casimir Périer, avant de
» me permettre d'offrir à Votre Majesté mes condo
» léances sur la mort du grand Ministre qui vient de lui
» être enlevé, et dont la perte lui sera difficile à réparer.
» On peut aisément succéder à un tel homme, mais non
» pas le remplacer ! La France et l'Europe ont à regret-
» ter avec le Roi des Français, ce beau caractère, cette
» âme forte, ce cœur noble, dont j'ai eu occasion, l'au-
» tomne et l'hiver derniers, de connaître le dévoûment

» à Votre Majesté, dans la négociation de laquelle il
» regardait le contrat du 26 octobre comme un prélimi-
» naire, et que, dans ma dernière conférence avec lui,
» le 27 janvier, en suite de mes lettres à Votre Majesté
» des 12 et 25 du même mois, il m'annonça devoir être
» terminé « *à son honneur et à sa gloire.* » — Voici
» ces expressions : — « Laissez-vous juger, m'a-t-il dit,
» afin d'avoir un titre judiciaire et exécutoire; et si,
» comme vous le craignez, les biens de votre Royal
» Débiteur ne suffisent pas pour vous payer, vous trou-
» verez alors un homme d'honneur et un Roi généreux
» et amoureux de gloire, dans l'Anonyme, qui ne voudra
» pas que vous ayez à regretter d'avoir traité avec lui
» le 26 octobre.

» Tombé malade le jour même du jugement qui m'a
» donné un titre exécutoire contre le Roi Charles X,
» je n'ai pas pu revoir M. Casimir Périer, qui est tombé
» malade lui même pendant ma longue maladie; et
» Votre Majesté n'aura pas pu lui communiquer ma
» lettre du 25 avril, sur laquelle Elle a bien voulu me
» faire dire qu'Elle s'en référerait à ce Ministre.

» Pour vous faire connaître, Sire, quels étaient ses
» sentimens à cet égard, je crois, qu'en rappelant à
» Votre Majesté mes lettres des 12 et 25 janvier et du 25
» avril, il me suffira de mettre sous ses yeux un extrait
» *substanciel* de ma conférence avec M. Périer, du 27 de
» janvier : — Et voici cet extrait :
» M. le Président du Conseil m'a dit :
» Que mes lettres des 12 et 25 janvier seraient certai-
» nement prises en considération, quand il en serait
» temps; mais que le moment n'était pas venu où ON
» me pouvait prêter *aide et assistance.*

» Qu'il fallait laisser juger l'affaire ; à quoi On ne
» pouvait paraître en rien : quelque scandale qui puisse
» en advenir ; parce que le scandale d'une intervention
» serait encore plus grand. Mais qu'après qu'un jugement
» aurait été rendu, ON me prêterait *aide et assistance*
» pour son exécution.

» Qu'il allait, sur ce point, me faire une confidence
» dont je n'abuserais pas. C'est qu'on s'occupait d'une
» loi qui mettrait tous les biens de la famille déchue à
» la disposition de ses créanciers *indistinctement* ; et que
» si ceux de Charles X ne suffisaient pas pour me payer,
» puisque j'étais précédé par d'autres, ce serait alors que
» l'ON prendrait en considération la généreuse facilité
» avec laquelle j'avais consénti au traité du 26 octobre,
» le noble sacrifice que j'avais fait de la personne de
» mon Royal Débiteur, et la libéralité de mes dernières
» propositions.

» Que j'éprouverais qu'ON avait de la grandeur
» d'âme, qu'ON avait été frappé de mes représentations,
» un peu fortes peut-être, mais pourtant respectueuses et
» mesurées ; et qu'ON ne voudrait pas que j'aie à regret-
» ter le traité du 26 octobre.

» Qu'il était cependant à propos de me faire observer
» que Louis-Philippe n'avait pas proprement succédé à
» Charles X, ni à sa race ; mais qu'une nouvelle loi cons-
» titutionnelle avait élevé un Trône nouveau, et y avait
» appelé une race nouvelle.

» A quoi j'ai répondu : — « Et c'est, à mon avis, un
» motif de plus pour que le Prince qui y a été appelé le
» premier se montre plus magnanime envers celui sous
» qui un Trône de mille ans s'est écroulé, et qui, dans
» ses revers, n'en est pas moins resté le Chef de la Mai-

» son la plus Auguste de l'Univers, à qui, le jour même
» des Ordonnances qui lui ont été si fatales, son Cousin,
» lui-même, est encore allé porter les hommages respec-
» tueux de son premier sujet! etc., etc., etc.

» Vous avez raison, et trop fortement raison, me dit
» M. Casimir Périer, pour ne pas être sûr que ce Cousin
» se montrera bon Parent, homme d'honneur et Roi gé-
» néreux autant qu'amoureux de gloire, après que vous
» aurez un jugement exécutoire; et qu'il sera constaté
» que les biens de votre Royal Débiteur ne suffisent
» pas pour vous payer. *C'est sur quoi vous pouvez*
» *compter!*

» Mais quels temps, ajouta-t-il, que ceux où le Roi,
» vous et moi, sommes obligés de nous cacher pour con-
» venir, *en secret*, d'actes honorables pour tous trois,
» que l'histoire saura et publiera à notre honneur et
» gloire, etc., etc., etc.!

» Voilà, Sire, la substance de ma dernière conférence
» avec M. Casimir Périer.

» Je rentre dans mon sujet; et je me borne à inviter
» Votre Majesté à observer, dans cette conférence,
» tout ce qui a rapport au contrat, qu'il nommait préli-
» minaire et provisoire, du 26 d'octobre.

» Or, il est trop constant que les biens du Roi Char-
» les X, sur lesquels la Sentence du 9 mars a *exclusive-*
» *ment* affecté le paiement de ma créance, savoir : les
» seuls biens dont Sa Majesté jouissait avant son avéne-
» ment et dont Elle a conservé la jouissance, ne sont pas
» suffisans pour me payer, quand d'autres créanciers me
» précèdent, qui les absorberont.

» J'invoque donc auprès de Votre Majesté les assu-
» rances que son digne Ministre m'a données, que, dans

» ce cas, elle ne voudrait pas que j'aie à regretter le con-
» trat du 26 d'octobre, et qu'Elle se montrerait bon pa-
» rent envers son Cousin ; et envers moi , homme
» d'honneur, autant que Roi généreux et amoureux de
» gloire.

» De mon côté, SIRE, m'étant montré digne de vous
» dans le traité préliminaire du 26 d'octobre, je ne ces-
» serai pas de l'être dans un arrangement définitif. —
» En conséquence, quand ma créance, par le *summons*
» du 4 novembre 1830, à Édimbourg, et par l'exploit
» du 4 mai 1831, à Paris, s'élève à plus d'un 1,100,000
» fr., et que les intérêts la font monter aujourd'hui à
» plus de 1,200,000 ; fidèle à mes sentimens et constant
» dans mes dispositions de concourir avec VOTRE MA-
» JESTÉ *à l'entière liberté du Roi Charles X*, je suis prêt
» à sacrifier le tiers de cette somme , et à réduire ma
» créance à 800,000 fr., sur lesquels sera défalquée l'a-
» vance des 100,000 fr. qui m'a été faite le 26 d'octobre ;
» et sur ces 700,000 fr., qui resteront à me payer, j'ac-
» cepterai 300,000 fr. comptant ; 200,000 fr. dans six
» mois, et 200,000 fr. dans un an.

» Sur quoi, j'espère, qu'à cet acte de magnanimité de
» VOTRE MAJESTÉ envers son Cousin , toujours Chef de
» sa Famille et *qui lui devra son entière liberté*, Elle
» voudra bien ajouter, envers moi, la continuation, ma
» vie durante ; de la pension stipulée par l'acte du 26
» d'octobre, et qui, à mon âge de soixante-dix-neuf ans,
» ne me sera pas payée long temps.

» Je suis, etc.,

» LE COMTE DE PFAFFENHOFFEN. »

Cette lettre donna occasion à quelques vagues
pourparlers entre MM. Oudard, Joseph Périer
et moi, et à une lettre au Roi, du 12 juin, laquelle fut suivie de plusieurs autres du 30 juin;
du 2 et du 22 auguste, que je passe sous silence,
pour donner en entier celle du 30 septembre :

AU ROI DES FRANÇAIS,

Paris , 30 Septembre 1832.

« SIRE,

» J'avais promis à VOTRE MAJESTÉ, je m'étais promis
» à moi même de ne plus la fatiguer de mes importuni-
» tés, dont je suis fatigué plus qu'Elle; et j'attendais
» patiemment l'Arrêt que la Cour Royale doit pronon-
» cer en novembre prochain; mais les circonstances
» sont plus fortes que mes résolutions; elles m'obligent,
» quand VOTRE MAJESTÉ me fait défaut, d'appeler
» le ciel et la terre à mon secours. Je ne puis pas avoir
» été amené à faire le plus énorme sacrifice, pour n'en
» pas recevoir la compensation.

» Le départ du Roi Charles X d'Édimbourg, empor-
» tant toute sa dette avec lui; ce départ, qui n'a pu
» avoir lieu que par ma trop scrupuleuse fidélité dans
» l'exécution de mes conventions avec VOTRE MAJESTÉ,
» m'oblige à lui rappeler, plus que jamais, l'*aide* qu'Elle
» s'est obligée de me prêter pour me faire payer; et je
» lui dis, mon contrat à la main : « SIRE, faites-moi payer,
» ou payez-moi. »

» (Art. 4, le sieur Arnold s'oblige d'*aider* de tous les

» moyens convenables, et conformément aux lois, le re-
» couvrement de la créance dont il s'agit.)

» Je me réfère à votre honorable Ministre, votre or-
» gane auprès de moi; cette *aide* qui m'a été promise,
» n'a pas été un appât trompeur, un leurre, un piége,
» un guet-à-pens ! Le contrat a été de confiance, d'hon-
» neur et de bonne foi ! Cet homme, si éminemment
» honorable, m'était garant que VOTRE MAJESTÉ ne
» souffrirait jamais que j'aie lieu de me repentir de
» ma condescendance. Le Roi des Français aurait trop
» à rougir que le Roi de France soit à la merci d'un
» *warrant*, entre les mains d'un Shérif ou de ses offi-
» ciers. La tache en serait indélébile sur VOTRE MA-
» JESTÉ et sur son Ministre, qui saurait, au contraire,
» LA montrer magnanime, si les circonstances ren-
» daient nécessaire un arrangement définitif, où il es-
» pérait bien me trouver encore de facile composition.
» *Quand les registres des Parlemens attestent que*
» *Henri IV et Sully ont fait payer les dettes de Henri III*
» *dix ans après sa mort, les annales du journalisme ne*
» *diront, Parbleu pas, que Louis-Philippe et Casimir*
» *Périer ont laissé emprisonner Charles X, pour quel-*
» *ques cent mille francs !*

» Les circonstances, auxquelles se référait cet autre
» Sully, sont arrivées. Je n'ai rien à espérer de la
» Personne de mon Royal Débiteur, qui porte et
» qui emporte de l'Écosse toute sa dette avec lui.
» Je n'ai rien à espérer du modique usufruit qu'il a
» laissé en France, absorbé par les créanciers qui me
» précèdent et revendiqué par le domaine. Je n'ai rien
» à espérer enfin de ses reprises en vertu de la loi d'in-
» demnité, sur lesquelles VOTRE MAJESTÉ, Elle-même,

» par un Arrêt de son Conseil-d'État, signé Louis-Phi-
» lippe, a déclaré que les deux derniers Rois n'avaient
» aucun droit.

» Vous me restez *seul*, avec l'*aide* que vous m'avez
» promise, en échange et pour prix de la liberté que
» j'ai généreusement accordée à celui dont l'emprison-
» nement vous aurait couvert de plus de déshonneur
» que lui; qui, dans ses épouvantables revers, n'en est
» pas moins encore le Chef de Votre Royale Maison; à
» qui je vous ai vu porter encore Vous-même, le 25 de
» juillet 1830, les hommages respectueux de son pre-
» mier sujet! — Oui, SIRE, ma condescendance à vous
» accorder la liberté du Roi Charles X, l'a sauvé d'un
» grand affront, la royauté tout entière d'une grande
» ignominie, et vous, vous surtout, d'un blâme
» éternel! Comment pourriez-vous m'en refuser le
» prix? prix-convenu : « Ou faites-moi payer, ou
» payez-moi. »

» Mon dévoûment aux Rois de France, et ce qu'il
» m'a valu, ne m'ont déjà donné que trop de célébrité.
» VOTRE MAJESTÉ n'y ajoutera pas, en me réduisant à la
» nécessité, où m'a réduit l'infortuné Charles X, d'invo-
» quer l'appui des Tribunaux. Louis Philippe consultera,
» écoutera sa dignité, sa justice, sa générosité, sa magna-
» nimité, auxquelles M. Casimir Périer m'avait référé,
» desquelles il s'était rendu le garant : « *D'autant plus,*
» me disait-il, *que sa propre réputation y était inté-*
» *ressée.*»—Et je les réclame toutes, en son nom, mon
» contrat à la main.

» Si VOTRE MAJESTÉ pouvait garder ici le silence;
» Elle me permettra de le regarder comme un ordre de
» prendre l'avis de mes conseils, de recourir aux voies

» judiciaires, soit contre son obscur prête-nom, soit di-
» rectement contre celui que la loi du 2 mars me désigne
» à la place de Votre Majesté.

» J'ai l'honneur de lui renouveler les hommages les
» plus respectueux,

« Sire,

» De votre très humble et très obéissant serviteur,

» Le Comte DE PFAFFENHOFFEN.

» *P.-S.* Cette lettre était fermée, quand j'en reçois
» une d'Édimbourg, où mes agens, inquiets pour les
» 450 ou 500 £. de frais qui leur sont dus, m'annon-
» cent que, pour leurs sûretés, sauf à moi d'en user à
» mon profit, ils ont traité avec les agens du Roi Char-
» les X, avant son départ, en ces termes :

» At a meating which J had yesterday with H. M.
» agent, after considerable discussion, it was agreed that
» the King should give caution, « *de judicio sisti*, » to
» the extent of the sums found due by the French
» decree; and caution *judicatum solvi*; to the extent of
» £. 5,000;— But reserving your claim to all other
» sums of damages, expences, etc., etc., that may be
» found due to you; and without prejudice to any pro-
» ceeding already adopted, or to be adopted by you in
» the Courts of Scotland, or France or *else where* !

» On croit que c'est le duc de Blacas qui a fourni le
» cautionnement.

Par réciprocité, on m'a obligé à fournir aussi caution « *judicatum solvi.* »

» J'aurais donc eu caution pour toute ma créance, si

» mon contrat avec le Royal Anonyme ne m'eût pas fait
» cesser mes poursuites. Je serais donc payé aujour-
» d'hui, tandis que je suis encore obligé de tendre la
» main, malgré l'*aide* qui devait m'être donnée.

» Mais enfin, comme la caution *de judicio sisti* devient
» nulle par la comparution de l'agent pour sa partie, et
» que c'est à la caution *judicatum solvi* qu'il faut s'arrê-
» ter; Voilà que, grâce aux précautions de mes agens,
» 120,000 fr. me sont assurés, si je consens qu'ils pour-
» suivent le jugement devant la Cour de Session. Or,
» sur ces 5,000 £., environ 500 sont ou seront dus pour
» les frais à mes agens : il me resterait donc environ
» 100,000 f. que le Royal Anonyme pourrait encore défal-
» quer des 700,000, que je lui ai proposé de me faire payer
» par arrangement définitif, pour lequel, s'il le désire,
» nous attendrons que la Cour Royale ait prononcé son
» Arrêt. Mais cependant je lui demanderai de venir au
» plus tôt, provisoirement à mon secours, dans les be-
» soins qui me pressent.

» Le Comte DE PFAFFENHOFFEN. »

Le 15 décembre, la Cour Royale a rendu son
Arrêt « *in terminis;* » — j'eus l'honneur d'en informer le Roi, le même jour, par la lettre suivante :

AU ROI DES FRANÇAIS.

Paris, 15 Décembre 1832.

» Sire,

» Entré avant-hier (anniversaire de la naissance de
» Henri IV) dans la quatre-vingtième année de mon âge,
» j'ai l'honneur d'annoncer à Votre Majesté que la

» Cour Royale a, ce matin, prononcé son Arrêt défini-
» tif, par lequel elle ordonne l'exécution de la Sentence
» du 9 mars contre le Roi Charles X, condamné à l'a-
» mende et aux dépens.

» Je vais faire lever cet Arrêt et je m'empresserai d'en
» envoyer une copie à Votre Majesté, en lui rappelant
» que voilà enfin arrivée l'époque à laquelle M. Casi-
» mir Périer m'a référé d'un arrangement sur l'art. %
» du contrat du 26 octobre 1831, qu'il serait difficile
» d'exécuter, sans vous compromettre, et Votre Ma
» jesté m'y trouvera de facile composition parce qu'Elle-
» même sera généreuse et magnanime.

» Je la supplie d'agréer l'hommage de mon plus pro-
» fond respect,

» Le Comte DE PFAFFENHOFFEN. »

Le 19 janvier 1833, j'eus l'honneur d'adresser
au Roi une copie de l'Arrêt du 15 décembre,
avec la lettre suivante :

AU ROI DES FRANÇAIS,

Paris, 19 Janvier 1833.

« Sire,

» J'ai l'honneur de mettre sous les yeux de Votre
» Majesté l'Arrêt *in Terminis*, que la Cour Royale de
» Paris a rendu, en ma faveur, contre le Roi Charles X,
» le 15 du mois dernier.

» Voilà, Sire, qu'est arrivée la dernière époque où
» M. Casimir Périer a fixé l'exécution, ajournée, à

» mon dam, pendant quinze mois, de l'article 4 de
» notre accord *secret*, du 26 octobre 1831 ; par lequel
» Votre Majesté doit m'aider à obtenir le rembourse-
» ment de ma créance, *ou en racheter l'obligation*.

» J'ai, le jour même de notre accord, entièrement
» satisfait à celle que j'y ai contractée. Je me suis dé-
» sisté du bénéfice du *warrant* que j'avais obtenu con-
» tre la Personne de mon Royal Débiteur, qui est resté
» libre en Écosse, et qui est allé librement habiter la
» Bohème.

» Votre Majesté approuvera qu'après un si long
» ajournement, je réclame, à mon tour, l'exécution de
» l'obligation principale qu'Elle s'est imposée de me
» faire payer, en compensation et pour prix du sacrifice
» par lequel j'ai été admis à partager avec Elle la
» gloire de l'acte magnanime, dont M. Casimir Périer
» se promettait que l'histoire nous saurait gré.

» Vous verrez, Sire, que l'Arrêt de la Cour Royale,
» en ordonnant l'exécution de la Sentence du 9 mars,
» affecte et restreint le paiement de ma créance sur les
» seuls biens qui ont appartenu à mon Royal Débiteur,
» avant son avènement au Trône, et sur l'usufruit dont
» Sa Majesté s'est réservé la jouissance des biens dont
» Elle avait donné la nu-propriété à Monseigneur, Duc
» de Berri.

» Mais cet usufruit, déjà insuffisant pour les créanciers
» de ma catégorie, est encore revendiqué, par le domaine,
» comme propriété de l'État.

» Et quant aux autres biens, il en est qui font actuel-
» lement partie de la dotation de la Couronne de Votre
» Majesté.

» L'Arrêt et la Sentence ont imputé sur mon capital
» le montant de la pension que Louis XVIII m'avait
» accordée, hors de ma créance, et par reconnaissance,
» plus que par munificence. Mais ils m'ont adjugé des
» dommages et intérêts à régler par état, et des frais
» de voyages à liquider, et qui s'accroîtront d'autant plus,
» par le déficit de ma pension.

» C'est en prévoyant et ce conflit et ces nouveaux dé-
» bats, qui ne pourront se vider que par les tribunaux ;
» et, pour prévenir le grave inconvénient de ne pouvoir
» *y être aidé* par Votre Majesté sans compromettre le
» secret de notre premier accord, que M. Casimir Pé-
» rier pressentait la nécessité de se libérer de l'engage-
» ment de l'art. 4, par un traité définitif, *secret*, où il
» s'est rendu caution, « que Votre Majesté se montre-
» rait aussi généreuse et magnanime, qu'Elle m'avait déjà
» trouvé et qu'Elle me trouverait encore de facile com-
» position. »

» Je supplie Votre Majesté de me faire connaître
» ses intentions, et d'agréer les respectueux homma-
» ges, etc., etc.

» Le Comte DE PFAFFENHOFFEN. »

N'obtenant aucune réponse, je me résolus à
faire au Roi de très humbles et respectueuses
sommations extra-judiciaires, et je crus devoir
lui donner une dernière marque de mes respectueuses déférences, en Lui en soumettant le projet, avec la lettre suivante :

A MONSIEUR OUDARD,

ADMINISTRATEUR DU DOMAINE PRIVÉ DU ROI DES
FRANÇAIS.

27 Janvier 1833.

« Dans l'état de désespoir, Monsieur, où me réduit le
» silence du Roi envers celui qu'Il a admis à contracter
» avec Sa Majesté, et qui, après avoir scrupuleusement
» et à son dam exécuté sa part du contrat, a bien le
» droit de La supplier de remplir la sienne ,
» Je viens lui donner une dernière marque de mes dé-
» férences respectueuses, en vous communiquant le projet
» des sommations humbles et respectueuses qui seront re-
» mises, le dernier de ce mois, entre les mains d'un huis-
» sier, pour vous être signifiées , si vous ne m'adressez
» pas contre-ordre.
» J'ai l'honneur de vous renouveler, Monsieur, les
» assurances de ma parfaite considération. »

Sur la réponse verbale que Sa Majesté me fit
donner, qu'Elle était résolue à repousser ce que
son Messager a appelé *mes prétentions , où je ne
jouerais pas le beau rôle ,* ces respectueuses sommations ont été sgnifiées, suivant les formes de
la Loi, de la teneur suivante :

« L'an mil huit cent trente trois et le premier jour
de février, à la requête de François-Simon, comte
de Pfaff de Pfaffenhoffen et du Saint-Empire Romain, chevalier d'honneur de l'ordre souverain de

Saint Jean de Jérusalem, etc., etc., demeurant ordinairement en son château du Reisenberg, en Basse-Autriche, présentement logé à Paris, rue Castiglione, n°. 2, pour lequel domicile est élu en l'étude de M^e. Fouret, avoué au tribunal de première instance, rue Croix-des-Petits-Champs, n°. 39;

» J'ai, Nicolas Félix Hany, huissier près le Tribunal civil de première instance du département de la Seine, demeurant à Paris, rue du Four-Saint-Germain, n°. 45, patenté le 31 mai dernier, n°. 31, troisième classe,

» Soussigné, signifié et humblement déclaré, par ces présentes, à M. Oudard, administrateur du domaine-privé de Sa Majesté Louis Philippe, Roi des Français, et, en cette qualité, spécialement chargé par la loi du 2 mars 1832 d'exercer et diriger, tant en demandant qu'en défendant, les actions intéressant la personne de Sa Majesté, en son domaine privé; ledit sieur Oudart demeurant à Paris, Palais-Royal, rue Saint-Honoré, n°. 216, où étant et parlant à sa personne, ainsi déclaré, requérant VISA;

» Que, par l'article 4 d'une convention bilatérale et *secrète*, en date du 26 octobre 1831, déposée chez M^e. Casimir Noël, notaire à Paris, rédigée par l'entremise de feu M. Casimir Périer, et consentie entre ledit requérant et le Roi Louis-Philippe, command représenté par un sieur Édouard Arnold, son prête-nom, « Sa Majesté s'est obligée » d'aider, de tous les moyens convenables et con-

» formément aux lois, le recouvrement de la créance
» dudit requérant sur le Roi Charles X ; »

» Que, par autre convention verbale entre ledit feu M. Casimir Périer et le requérant, celui-ci a bien voulu consentir à ce que l'exécution de cet article 4 de la convention première et *secrète* du 26 octobre 1831 ne serait exigée par ledit requérant qu'après le jugement qui aurait définitivement fixé sadite créance ;

» Que cette dite créance ayant été fixée « *in terminis*, » par Arrêt de la Cour Royale de Paris, du 15 décembre dernier, lequel a ordonné qu'une sentence du Tribunal de première instance du 9 mars précédent, rendue au profit du requérant contre le Roi Charles X, sortirait son plein et entier effet : — L'époque est arrivée où, selon la convention verbale entre ledit feu M. Casimir Périer et le requérant, celui-ci a droit d'exiger l'exécution de l'article 4 de la convention *secrète* du 26 octobre 1831, qui ne lui fixait aucun terme et qui pouvait être exigée à l'instant ;

» Que ladite sentence et ledit arrêt, ayant borné l'exécution des condamnations prononcées au profit dudit requérant contre le Roi Charles X, sur le seul usufruit qu'il s'était réservé des biens dont il avait donné la nu-propriété au feu duc de Berri, et sur les autres biens et valeurs qui lui appartenaient déjà avant son avènement à la couronne; desquels biens quelques-uns, tels que les Écuries dites d'Artois, forment maintenant partie de la dotation de la Couronne du Roi Louis-Philippe : ce qui rend peut-être embarrassante pour Sa Majesté, mais

plus nécessaire pour le requérant, l'exécution de
l'article 4 de la bilatérale et *secrète* convention du
26 octobre 1831;

» Que ledit requérant, après avoir respectueusement adressé à Sa Majesté Louis Philippe copie de
ladite sentence du 9 mars, lui a aussi respectueusement adressé copie de l'arrêt « *in terminis* » du
15 décembre, en La priant d'observer les circonstances relatées ci-dessus, et en La suppliant de vouloir bien lui faire connaître ses intentions, relati-
vement à son obligation contractée par ledit art. 4
de la convention secrète du 26 octobre 1831 ;

» Que Sa Majesté n'ayant pas jugé à propos de
répondre à ces humbles et respectueuses instances
de son co-contractant, réclamant l'exécution d'un
contrat bilatéral dont il a scrupuleusement rempli,
à son dam, l'obligation qui le concernait, ledit requérant, pressé par d'urgens besoins, par son
grand âge et par la nécessité de retourner au plus
tôt dans sa patrie, dont il est absent depuis cinq
années entières, se trouve forcé de renouveler ses-
dites respectueuses instances, par les voies et
moyens de droit :

» En conséquence, j'ai, moi, huissier susdit et soussigné, de ce spécialement requis, humblement déclaré à mondit sieur Oudard, ès-nom et qualités
que dessus, que le requérant lui fait très humbles et
très respectueuses sommations de vouloir bien ne
plus tarder à remplir les obligations stipulées par
l'art. 4 de ladite convention bilatérale et *secrète* dudit jour, 26 octobre 1831, savoir, « d'aider de tous
» les moyens convenables et conformément aux lois,

» le recouvrement de la créance dudit requérant
» sur le Roi Charles X , désormais fixée irrévoca-
» blement par la sentence du 9 mars 1832 et par
» l'arrêt du 15 décembre. »

» S.us toutes réserves et protestations de fait et
de droit dudit requérant, dans le cas de refus ou de
retard dudit sieur Oudard , ès-dits nom et qualités,
d'obtempérer aux présentes très humbles et respectueuses sommations , de l'y contraindre par les voies
de droit : extrémités qui feront le désespoir dudit
requérant , et qu'il supplie ledit sieur Oudard,
auxdits nom et qualités , de lui épargner , en considérant que ledit requérant ne demande que l'exécution d'une convention bilatérale, dont il a rempli,
à son dam , les conditions qui le concernaient.

» Si mieux n'aime toutefois , ledit sieur Oudard,
ès-dits nom et qualités , suivre les intentions éven-
tuelles manifestées audit requérant par ledit feu
M. Casimir Périer , de racheter ladite obligation
stipulée dans ledit article 4 de ladite convention
secrète du 26 octobre 1831 , par telle autre convention définitive où ledit feu M. Casimir Périer s'était
rendu garant envers ledit garant , qui l'a acceptée,
« que Sa Majesté se montrerait aussi généreuse et
» magnanime qu'Elle avait déjà trouvé et qu'Elle
» trouverait le requérant de facile composition. »

» Et j'ai , à ce qu'il n'en ignore, et parlant comme
dessus , laissé audit sieur Oudard , copie dès présentes. Coût, sept francs vingt centimes. »

Vu Oud. (*Signé*) F.-S. Comte DE PFAFFENHOFFEN.

HANY.

A ces humbles et respectueuses sommations,
M. l'Administrateur Oudard m'a fait signifier,
dire et déclarer, par acte de l'huissier Lobard, en
date du 6 février, « *que ledit Sieur Oudard, en*
» *sadite qualité d'Administrateur du Domaine*
» *Privé du Roi des Français*, EST TOUT-A-FAIT
» ÉTRANGER AUX PRÉTENTIONS ÉNONCÉES EN L'EX-
» PLOIT SUSDATÉ ; *qu'en conséquence il proteste,*
» *audit nom, contre les réquisitions et somma-*
» *tions contenues audit exploit,* etc., etc. »
Je n'ai ajouté aucun commentaire à aucune de
mes lettres au Roi, transcrites ci-dessus. Je m'abs-
tiendrai de même de toute réflexion sur les termes
de ce protêt. Mes lecteurs sauront en juger avant
que les Tribunaux, si je suis réduit à les invoquer, la décident. Dans mes lettres à mon Royal
Co-Contractant, ma profonde conviction des
sentimens qui l'ont amené à contracter avec moi ;
mon intime confiance dans l'honneur et la bonne
foi qui ont dicté nos conventions ; mon respect
pour Sa Majesté s'y sont assez manifestés, sans
que j'aie besoin de les faire remarquer. Ni le
Roi, ni M. Casimir Périer n'ont pu vouloir me
tromper. J'ai scrupuleusement rempli l'obligation qui me concernait dans ce contrat bilatéral :
DO UT DES ; et je me suis dépouillé du gage de
ma créance sur le Roi Charles X : et le Roi
Louis-Philippe, en échange, « S'EST OBLIGÉ A

» M'AIDER DE TOUS LES MOYENS CONVENABLES ET
» CONFORMÉMENT AUX LOIS DE RECOUVRER CETTE
» MÊME CRÉANCE SUR LE ROI CHARLES X. » Tels
sont les termes du contrat dont je demande
l'exécution.

M. Casimir Périer y a ajouté verbalement
ceux-ci : « *Quand la créance sera fixée par les
Tribunaux.* » Or, les Tribunaux l'ont fixée irrévocablement par un Arrêt « IN TERMINIS » du
15 décembre dernier. Tout est donc consommé,
tant de ma part que par les Cours de Justice,
pour que le Roi remplisse, à son tour, son engagement, et qu'il me prête *l'aide* dont j'ai besoin, *l'aide* qu'il m'a promise, *l'aide* convenable
et nécessaire, telle que j'ai dû l'attendre d'un
Roi qui s'obligeait à me faire payer !

Jusqu'à présent il ne m'en a prêté aucune ! Son
silence sur mes nombreuses et pressantes instances semblait déjà un refus que paraît confirmer
l'Exploit de l'Administrateur de ses domaines
privés, que la loi a chargé de répondre pour Sa
Majesté, et qui vient de me déclarer par un
acte extra-judiciaire, qu'*Elle est tout-à-fait
étrangère* à ce qu'il appelle *mes prétentions !*
Est-ce un désaveu du Prête-nom qui a contracté pour Sa Majesté ? Est-ce un déni de tout ce
que M. Casimir Périer a négocié, et dont il s'est
rendu garant pour Elle ? Est-ce un déclinatoire

de justice ? Est-ce enfin un refus d'exécuter le contrat ?.... qui, dès-lors, n'aurait été qu'une illusion, un leurre, une déception ; ou, pour me servir des termes plus énergiques que M. Périer repoussait avec une juste indignation : est-ce un piége, un guet-à-pens ?

Non, non, mille fois non ! Voilà ce qu'avec la même indignation me fait hautement proclamer ma confiance respectueuse dans le Roi, qui m'a admis à traiter avec lui , dans un contrat de confiance, d'honneur et de bonne foi, négocié avec moi par son Premier Ministre, sous l'alternative, *à laquelle il m'a fait consentir,* que le Roi pourrait, si les circonstances l'exigeaient, se libérer de son obligation de me prêter son *aide* pour me faire payer, par une transaction où ce ministre, organe de son Roi, se rendait garant que « SA » MAJESTÉ SE MONTRERAIT AUSSI MAGNANIME ET » GÉNÉREUSE QU'ELLE M'AVAIT DÉJA TROUVÉ ET » QU'ELLE ME TROUVERAIT ENCORE DE FACILE » COMPOSITION. »

Que Sa Majesté veuille bien opter : je serai empressé d'accepter tout ce qu'Elle croira pouvoir me proposer, et qui sera digne d'Elle.

Paris, ce 4 mars 1833.

F. S. COMTE DE PFAFFENHOFFEN.

POST-SCRIPTUM.

Le Moniteur du   a donné officiellement le texte du Projet de loi, de laquelle M. Casimir Périer, dans notre conférence du 27 janvier 1832, m'avait confié que le Gouvernement s'occupait.

La seconde partie de l'article 2 de ce Projet est en ces termes : « L'Usufruit réservé par » Charles X dans la dotation authentique du » 9 novembre 1819, par lui consentie à son » Fils, le feu Duc de Berri, ne fait point partie » du Domaine de l'État : en conséquence, l'Administration des Domaines comptera, à qui de » droit, des revenus perçus par elle. »

C'est bien en effet à peu près ce que M. Casimir Périer m'a confié de ce Projet de Loi, et je me réfère à ce que j'en ai rapporté au Roi, dans ma lettre du 20 mai, page 39 : « Si les biens » de Charles X, que la Loi, me disait-il, se » propose de laisser à ses créanciers, ne suffisent » pas pour vous payer, c'est alors que l'Anonyme prendra en considération la généreuse » facilité avec laquelle vous avez consenti au » Traité du 26 octobre : le noble sacrifice que » vous avez fait de la personne de votre Royal

» Débiteur, et la libéralité de vos dernières pro-
» positions : vous éprouverez que l'Anonyme a
» de la grandeur d'âme...... qu'il ne voudra
» pas que vous ayez à vous repentir du Traité
» du 26 octobre...... et qu'il se montrera
» homme d'honneur et Roi généreux, *quand*
» *vous aurez jugement et qu'il sera constaté*
» *que les biens de Charles X ne suffisent pas*
» *pour vous payer sa dette*, etc. »

Or, le Commissaire du Gouvernement, qui, au nom du Roi, a présenté le Projet de Loi à la Chambre des Députés, lui a dit que « *le mon-* » *tant des dettes privées du Roi Charles X sur-* » *passe de beaucoup la valeur de ses biens par-* » *ticuliers.* »

Voilà donc toutes les circonstances réunies auxquelles M. Casimir Périer, organe auprès de moi du Roi Louis-Philippe, a ajourné l'effet des promesses Royales. Je suis jugé « *in terminis* » par l'Arrêt du 15 décembre dernier ; et il est constaté, par le Roi lui-même et par son Gouvernement, que les biens de mon Royal Débiteur, sur lesquels le paiement de ma créance est spécialement affecté, ne suffisent pas pour me payer !

Voilà aussi l'époque où Sa Majesté doit prendre en considération.......

On a vu ci-dessus combien je Lui ai rappelé

les préceptes de saint Louis, les exemples de Henri IV; j'aurais pu, et je ne sais pourquoi je ne lui ai pas ajouté celui de ce Roi qui, après avoir porté le nom d'Orléans, commis quelques erreurs, sorti des prisons de son Roi, et monté sur le trône, où il s'est fait adorer comme PÈRE DU PEUPLE, s'est reconnu débiteur personnel et solidaire des dettes de l'armée du Roi qui l'avait combattu, vaincu et fait prisonnier! « DETTES » DONT IL AVAIT HÉRITÉ, DISAIT-IL, AINSI QUE » DE SA COURONNE! »

De cet exemple sublime autant que mémorable, ajouté à ceux de Henri IV et de saint Louis, venant à nos temps de convulsions politiques; à ces temps qu'avec autant de haine que de mépris on appelle la Restauration, à qui le Roi Louis-Philippe doit pourtant et son retour en France, et ses biens patrimoniaux, et neuf millions d'indemnités pour ceux que les lois révolutionnaires lui ont fait vendre, et.... jusqu'à la Couronne qu'il porte; la Restauration n'a-t-elle pas regardé comme un devoir et mis son propre honneur, *dont on ne la blâme pas!!* à faire payer les dettes de l'usurpation, les dettes mêmes des cent jours!!!

Eh! pourquoi ne révélerais-je point ici ce que j'ai cru devoir épargner au Roi dans ma lettre du   , mais que j'avais dit pourtant à

M. Casimir Périer, dans la conférence du 27 janvier 1832.

« J'ai dû, lui disais-je, ne pas douter que les hommages que le duc d'Orléans a portés au Roi Charles X, le jour, qui lui a tant profité, des fatales Ordonnances, partaient du cœur : car, j'étais à Londres, lorsque, fatigué d'errer sur ce globe, sous des noms obscurs, après avoir abandonné un nom abject, sans oser dire le sien nulle part, il y a été notoire, et le général Dumouriez me l'a confirmé, que le Duc d'Orléans n'a trouvé d'asile en Angleterre que sur les instances de ce même Charles X, alors *Monsieur,* auprès du Roi Louis XVIII, qui consentit à le recevoir en grâce, sur les assurances de sa repentance, dont *Monsieur* se rendit garant auprès de son auguste Frère, qui alors se réunit à *Monsieur* pour engager sa famille, l'émigration, l'Angleterre et l'Europe à oublier de qui le Duc d'Orléans était le fils, et à ne plus voir en lui que le premier Prince du sang royal de France !.... Voilà, je pense, un service qui n'a pas pu s'oublier sans une insigne ingratitude ! Ses hommages au Roi Charles X partaient donc du cœur. »

C'est à cela que M. Casimir Périer me répondit que j'avais raison, etc. Je me réfère à ma Lettre au Roi, du 20 mai,

Mais les saints préceptes, les sublimes exemples, les motifs mêmes de reconnaissance envers le Roi Charles X, que j'ai rappelés au roi Louis-Philippe, ses titres à la gloire, sont ici de surabondance : il n'est question entre Sa Majesté et moi, il ne s'agit pour Elle que de l'exécution d'un contrat synallagmatique, d'une convention de bonne foi.... et Elle trouvera dans son cœur cet adage d'un autre de ses prédécesseurs, si malheureux à Poitiers, mais si admirable dans ses revers,

> Que si la bonne foi s'éclipsait sur la terre,
> C'est dans le cœur des Rois qu'on doit la retrouver.

Je n'ai point manqué, je ne manquerai pas aux paroles de M. Casimir Périer : — Louis-Philippe ne manquera point à cet adage sacré ; il ne se manquera point à lui-même.

— Paris, le 5 mars 1833.

LE COMTE DE PFAFFENHOFFEN.

IMPRIMERIE DE PIHAN DELAFOREST (MORINVAL),
Rue des Bons-Enfans, n°. 34.

www.ingramcontent.com/pod-product-compliance
Ingram Content Group UK Ltd.
Pitfield, Milton Keynes, MK11 3LW, UK
UKHW021051230726
13926UKWH00004B/1779